U0929641

一场新的数字革命正迎面而来，而这一次发生在制造业。

出版项目支持

（美）尼尔·格申斐尔德 著
Neil Gershenfeld
丁峻峰 等译 刘培爽 插画

智造：一场新的数字革命

FAB: The Coming Revolution on Your Desktop-from Personal Computers to Personal Fabrication

同济大学出版社
TONGJI UNIVERSITY PRESS

总序

《智造：一场新的数字革命》（*FAB: The Coming Revolution on Your Desktop-from Personal Computers to Personal Fabrication*）是上海市大学生科技创业基金会（简称创业基金会或 EFG）支持的系列图书译丛之十，之前创业基金会已经出版了《天使投资：创业与资本无国界》《创业新时代》《自由企业经济体的创业、创新与增长机制》《创业力》等多部创新创业领域的外文著作。

创业基金会成立于 2006 年 8 月，是中国首家传播创业文化、支持创业实践的公募基金会；上海市大学生科技创业基金（简称“天使基金”）是扶持大学生青年创新创业的公益基金。创业基金会以培育创业环境、播撒创业种子、激发创业力量为使命，联合社会各界开展创业倡导、创业教育、创业资助公益业务，迄今已建立 18 个基金分会和 5 个专项基金，构建起了全方位传播创业文化、培养创业人才、支持创业实践的工作网络。截至 2016 年 6 月底，“天使基金”累计共接收 5 446 个创业项目申请，资助项目 1 467 个，带动近 2 万人就业。

值得一提的是，创业基金会于 2007 年主办了首届创业周活动并与全球创业周组委会签署协议，自 2008 年起成为“全球创业周中国站”主办方，迄今已成功主办了九届创业周活动；通过汇聚社会各方资源，创业基金会逐步构建起了全社会共同关注和参与传播创新创业理念的创业周开放平台。全球创业周由英、美等国家发起，迄今已覆盖 160 个国家，超过 1 000 万青年创业者关注并参与，是全球最顶尖的创业者盛会之一。中国国家主席习近平曾向 2013 年第七届全球创业周中国站发来贺信，号召全社会都要支持青年创新创业；美国总统奥巴马曾在白宫官网签发创业周启动公告；英法等国知名政要也曾以各类形式参与其中，共同推动了创业精神在世界范围的传播。

《智造：一场新的数字革命》的作者尼尔·格申斐尔德（Neil Gershenfeld）教授任教于美国麻省理工学院（MIT），是“数制”工坊（Fabrication Laboratory, Fablab）创始人，被称为“个人制造”（Personal Fabrication）界的先驱。个人制造曾一度是科幻界的宠儿，在无数影视作品中都有对其大胆的设想。同样地，科学家们在现实生活中也在进行着类似的研究，他们希望开发一套系统，将单个的分子和原子排列成他们想要的任何结构。

实现这一宏伟目标固然还需要许多年，但目前这一技术的发展已不容小觑。将一台个人电脑与一些输出设备（如激光雕刻机、3D 打印机、数控机床等）相连，即可打印小到原子，大到整栋建筑的物体。格申斐尔德教授希望，在未来，这个系统可以一次性打印出能立刻使用的复杂工具，而不是先打印零件，然后再行组装，例如可以直接打印出一架能够飞的无人机。

个人制造在不少国家颇具民生意义，因为它可以促进本地制造，从而避免他国的商品垄断，并促进就业。格申斐尔德教授在书中举了很多“数制”工坊的例子，作为城市发展的基础设施，这些实验室可以让城市和全球形成链接并共享知识，通过本地制造，而不是购买来自远方的产品，从而来解决城市的耗费问题和就业问题。

在科技日新月异的今天，第三次工业革命的浪潮正拍打着制造业的城墙。正如格申斐尔德教授所言，“这场革命的实质并非增材加工或者减材加工，而是将数据转化成实物（比如 3D 打印）以及将实物转化成数据（比如 3D 扫描）的变革能力。”这些，即是未来制造业变革的方向。试想，通过数据就能实现的 3D 打印将会对这个时代的各行各业产生多么巨大的影响。数字化制造技术将会改变产业链的每个环节，并彻底刷新制造业的版图。

本书是格申斐尔德教授根据在“数制”工坊的研究经历以及关于数字化革命中对制造业改革的理解编写而成，这些来自海外的先进经验值得中国学习和借鉴。

希望创业基金会译丛系列图书能够从知识传播、文化交流的层面提供一个平台，帮助创业者、投资人、服务机构以及一切对创新创业感兴趣的社会各界人士更好地学习和了解行业动态和最新趋势。希望有更多的专家学者加入到创业研究的队伍中来，让我们携手为探索创新型创业教育实践贡献绵薄之力。期待中国更多的创客力量蓄势待发！

上海市大学生科技创业基金会
2016 年 7 月

中文版序

我非常高兴能够为《智造：一场新的数字革命》（以下简称《智造》）这本书的中文版本作序。如今，“数制”工坊（Fablab）[1] 全球网络正处于历史上一个非常重要的时刻，伴随着 FAB12 国际会议 [2] 在深圳的召开，标志着 Fablab 从 Fablab 1.0 （购买一个 Fablab）到 Fablab 2.0 （由一个 Fablab 复制另一个 Fablab）的转变。

在我写《智造》这本书的时候，创客还没有成为一种潮流，那时候是 Fablab 的 10 年全球性扩建发展的最早期。今天，Fablab 的建造正处于第三次数字革命的

1. 译者注：2013 年同济大学设计创意学院的丁峻峰老师正式将 Fablab 引进到中国，成立了第一个 Fablab 实验室，取名“数制”工坊。

2. 译者注：FAB12 暨第十二届国际微观装配实验室年会。国际微观装配实验室年会（FAB 年会）是国际微观装配实验室（Fablab）创始人尼尔 · 格申斐尔德教授发起的国际创客交流活动，其最终目标是开发出可以制造任何产品的分子组合体。自 2004 年在波士顿举办第一届年会以来，至今已在世界不同国家成功举办十届。每一年的活动中，与会创客将参与发展趋势研讨会、工作坊和演示，制造、创作和学习有关“创制”的理念；并在城市中组织各类晚宴和社会交流活动，分享各自的研发经验，为开发出可以制造机器的机器出谋划策。 FAB12 国际会议于 2016 年 8 月 12 日在中国深圳召开，这也意味着中国的创客力量蓄势待发。

浪尖。虽然《智造》这本书作于 10 年前，目前我非但没有发现其中有什么主要的失误，它的内容比我当初撰写的时候更加贴近现在的发展状况。但是我的确漏掉了技术和社会上的两个重要层面。

在技术层面：我没有定义清晰机器将会如何制造机器。从一开始，由一个 Fablab 来复制一个新的 Fablab 的目标就十分明晰，但是我曾经认为那只意味着用一个现有的机器来制造一个新的与它相似的机器。然而这种想法错在——机器复制的过程就固化了它本身的功能，就好像编写在智能硬件中的软件也可以用于各种各样别的目的，Fablab 2.0 俨然已经变为目标导向“硬件—模块化机器—机器制造模块”去组装成不同的新机器。依赖快速成型机器来快速成型新的机器，而这又超越了简单的快速成型本身。

在社会层面：没有预测为了达到机器复制机器，需要组织能够复制组织。《智造》一书阐述了为了跟上 Fablab 全球网络的发展，我们面临的挑战；小的疏忽将错过重大机遇，这样的情况时有发生。解决方案应当是创造一个在各地散落式分布着的组织连接起一个创新生态圈，包括负责日常运营的“数制”基金会（Fab Foundation），具有教育功能的“数制”学院（Fab Academy），负责商业模式的“数制”经济（Fab Economy），以及为可持续城市发展架构的“数制”城市计划。全球各个地区的 Fablab 年度会议的编号起源于一个小玩笑，没有人预料到它会持续了 10 年之久。但是这些线下会议已经成为线上合作的一个重要组成部分，因为这个网络社区解答了一个巨大问题：我们将如何在一个人人都能创制（几乎）万物的世界上生存、学习、工作和娱乐。其中与中国合作的核心正是从批量制造到个人制造的这一转变。

尼尔·格申斐尔德
美国麻省理工学院（MIT）教授
MIT 比特与原子研究中心主任
“数制”工坊（Fablab）创始人

目录

导论

一场新的数字革命正迎面而来，而这一次发生在制造业。它沿袭了先前通信与计算机行业的数字化变革途径，但是和以往有所不同的是，新的数制革命编程的对象是实体世界，而非虚拟网络世界。数字化制造允许个人按照不同需求，随时随地设计、制造实物。这一技术的广泛传播，将对传统的商业模式、国际关系和教育模式产生冲击。

这场革命的起源可以追溯到 1952 年，当时研究人员在美国麻省理工学院（Massachusetts Institute of Technology，MIT）将一台早期的电脑与铣床（milling machine）相连接，创造出世界上第一台数控机床（numerically controlled machine）。利用电脑程序取代机械师去控制金属物料的旋切，可以制造出形状比传统手工制造复杂得多的飞机零部件。继第一台旋转刀具切割机问世后，各种切割工具都被安装到数控机床上，包括可以切割坚硬材料、带有磨料（比如沙）的水射流切割机，可以在表面快速精雕的激光切割机，以及能够利用导电电热丝进行细长切割的切割机。

如今，数控机床技术的应用几乎覆盖了所有商品，有的是直接加工（如笔记本电脑外壳、喷气式发动机，等等），有的是间接加工（如制造用于批量生产的模具和冲压工具）。然而，数控加工设备的世代更迭并未改变其与生俱来的局限性，即虽然它们可以切削，却无法深入结构内部进行加工处理。比如，在进行轮轴加工时，只能将轴脱离其承载的轴承，单独制造然后再组合在一起，而没法一次成型。

然而，进入 20 世纪 80 年代，数控制造方式开始由传统的削减法演变为增加法，市场上出现了增材加工（additive manufacturing）工艺。3D 打印机的出现，使前述实例中轮轴和轴承的制造过程，可以用同一台机器一气呵成地完成。市场上已经出现了一系列 3D 打印方式，包括热熔塑料丝（thermal fusing plastic filaments），通过紫外线交联作用凝集的聚合物树脂（polymer resins）和胶合剂滴成沉积（depositing adhesive droplets）黏合粉末，层压纸片和切割，以及通过激光束照射熔化金属颗粒后再凝固等。[1] 很多商业公司

---

1. 译者注：“热熔塑料丝”打印机是我们通常所说的 FDM 打印机，电脑控制的热熔头加热后，将塑料（ABS，或者 PLA）的丝状材料融化，从打印喷头上压挤出来，遇到室温材料凝固胶合在一起，一层层地构筑出 3 维模型。“紫外线交联法”是液态聚合光敏树脂在一层层紫外线扫描下凝固形成固态模型的方法。“胶合剂滴成法”是将胶合剂一层层地喷滴到粉末上，层层粘合后形成三维模型，最后将没有粘合的剩余材料清洗，以获得最终成品。“层压式”是在一层层的白纸上用彩色墨水依据三维模型层切切片的模型喷绘颜色，并切割获得形状，胶合在一起的层层彩色的纸片形成形态，同时被切割纸张的边缘的彩色墨水的渗透让打印出来的模型获得真彩的颜色。“激光束扫射金属颗粒”也称为 SLS，就是在一层层的细小的金属颗粒上用激光进行扫射，在高温作用下的金属颗粒融化并粘接在一起，层层叠加，生成三维金属模型。

已经开始利用 3D 打印机做批量生产前的测试，这个过程被称为“快速成型技术”（rapid prototyping）。依靠 3D 打印技术，企业可以制作形状复杂的物体，比如珠宝加工和医疗植入体。有些研究机构甚至以活体细胞作为 3D 打印机材料，“打印”出活的器官。

增材加工已被广泛誉为一场革命，作为专题相继在《连线》(*Wired*)和《经济学人》（*Economist*）等杂志的封面刊登。这表明，外界好奇的观察者基于对这场革命的了解，给予了比参与者更多的赞扬。其实，在装备齐全的工作室里，3D 打印机只承担 1/4 的工作，其余 3/4 是由其他设备来完成的。究其原因是因为，3D 打印机工作速度缓慢，需要数小时甚至数天才能完成一项作业。 而其他数控工具生产部件的速度更快，或者精度更高，或者尺寸更大、重量更轻、硬度更强。那些关于 3D 打印机热情洋溢的文章，让人想起 20 世纪 50 年代，当时舆论宣称微波炉将会是烹饪的未来。尽管微波炉使用方便，但它还是没有取代现代厨房的其他炊具。

这场革命的实质并非增材加工或者减材加工，而是“将数据转化成实物（比如 3D 打印）”和“将实物转化成数据（比如 3D 扫描）”的变革能力：这才是未来的发展方向。从某种角度上看，这次革命的影子在计算机发展史中似曾相见。起先是 20 世纪 50 年代大型计算机（mainframe computer）的发明使用，但只有大型企业、政府和一流学府才能用得起。接下来是 20 世纪 60 年代小型电脑的发展，美国迪吉多公司（Digital Equipment Corporation）在麻省理工学院的第一个晶体管计算机“TX-0”基础上，研发出程序数据处理机即 PDP（programmed dataprocessor）系列电脑。它将每台电脑的成本从过去的几十万美元降到几万美元。虽然这样的价格对于个人来讲还是比较昂贵，但对于研究团体、大专院校和规模较小的公司来讲，已经是可以承受的范围。人们用这些设备开发了很多应用程序，可以完成几乎现在的电脑能完成的所有功能：发送电子邮件、编辑文本、玩游戏和听音乐。其中最为著名的是麻省理工学院于 1975 年推出的牛郎 8800（Altair 8800），当年的整机价格是 1 000 美元，未组装的套件价为 400 美金。虽然当时这款电脑的功能还不够令人满意，但它的出现，改变了一代计算机行业先驱们的生活：终于可以拥有一台自己的电脑了。计算机真正面向大众和得到普及，还是要到 1981 年 IBM 个人电脑的面世。与先前只有大型机构才买得起的大型机器相比，IBM 的这款个人电脑更便携、方便、实用，而且价格合理。

早期又大又贵的数控设备也像先前的大型计算机一样，只有事业单位才有能力购买。20 世纪 80 年代，如 3D Systems、Stratasys、Epilog Laser 和 Universal 公司的第一代快速成型机器，将数字制造（后文简称“数制”）成型机从原本几十万美元的价格降到几万美元，这对于研究团队来说有极大的吸引力。目前市场上的新一代数字化制造产品，如 RepRap、MakerBot、Ultimaker、PopFab 和 MTM Snap 的整机价格为几千美元，自己组装的套件价格不过几百美元。不像传统的数字制造工具，这些新的机器都带有免费的开源共享。正如最开始的计算机用户，将计算机作为个人爱好一样，这些第一代的数制工具拥有者们，不仅自己使用它们，还乐于自己改进原来的机器，而且可以用原始机器复制出更多新的机器。像个人电脑那样功能完善的个人数制工具目前还不存在，但在未来会被实现和普及。

> 个人制造很久以来，都是科幻小说的热门素材。电视剧《星际迷航 ：下一代》（*Star Trek: The Next Generation*）中出现过别具挑战性的剧情：飞船上的船员们可以利用客舱内的复制机，制造他们需要的万物。一些科学家的实验室（也包括我的实验室）在现实生活中正在进行类似的研究，希望开发一种系统，可以将单个原子和分子置于任何想要的结构中。通过这个系统，可以一次组合出完整功能系统。而不是像 3D 打印机，打印完还需要把各个部分组装起来。以无人机为例，我们的机器不是打印出所有零部件再组装起来，而是直接打印出一台马上能起飞的、复杂的交通工具。当然，实现这个目标还要很多年，但是我们不必等待：今天在人们所使用的电脑中，大部分功能在个人电脑蓬勃发展的很久之前的小型机（minicomputer）时代就已经被开发出来了。如此看来，尽管今天的个人数制机器仍处于起步阶段，但是已经完全可以不受地点限制创制（几乎）万物了。这正悄然改变着我们的生活。

创想全球，本地制造

在我担任麻省理工学院比特和原子研究中心（Center for Bits and Atoms，CBA）主任的时候，我开了一门课程叫“如何创制（几乎）万物”（How to Make Almost Anything），感谢事逢其时，“个人电脑”和“个人制造”并行其时。由美国国家科学基金（National Science Foundation）出资，开设于 2001 年的比特和原子研究中心，旨在发展计算机科学和物理科学的跨界研究。实验室的配置可以让使用者制造和测量小到原子，大到整幢建筑的物体。“如何创制（几乎）万物”课程原本是针对一小群研究生来设计的，让他们学习如何使用比特和原子研究中心的工具。但没想到，课程开设以后，我们的实验却被大批有志创造的其他学生淹没了。在课程学习之余，每个学生通过一个学期的时间来完成他们的项目，并整合他们所学的技能。有一位学生发明了一个闹钟，让昏昏沉沉的用户必须通过搏斗才能关闭闹铃，在搏斗过程中，他（她）就自然而然醒来了。还有位学生发明了一件装了很多感应器、形状如电动脊椎的衣服，在必要的时候，衣服结构可以伸展，以捍卫主人的个人空间。其实学生们的作品最好地回答了“数字制造的优势到底在哪里？”这个问题：个人化使用是数字化制造的“杀手锏”，这像个人电脑的普及一样满足了个性定制的市场需求。

> 2003 年，在第一次课程成功经历的鼓舞下，CBA 继续在美国国家科学基金会的支持下，开始了一批外延项目，不仅普及我们已经做过的事情，更给大众提供可使用的工具。我们购置了价值在 5 万美元的设备（包括一台计算机控制的激光雕刻机、一台 3D 打印机，以及大型、小型数控机床），还有约 2 万美元的材料（包括浇膜和铸造等部件、各种电子元件等）。所有的工具通过标准定制的软件联通起来，被命名为“数制”工坊实验室（Fabrication Labs 或 Fabulous Labs，后文缩写为 Fablab）。我们已发现，个人终端制造设备与个人电脑相似：都用同样的方法在使用过程中开发机器的新用途和新用户。

2003 年 12 月，由我的高中同学——萨拉·拉西特（Sherry Lassiter）带领一支 CBA 团队在波士顿市内南端技术中心（South End Technology Center，后文称为南端实验室）成立了第一个不在麻省内部的“数制”工坊。这个中心是由梅尔·金（Mel King）运营，他是将“从视频制作到网络链接”这些新技术率先引进城市社区的先驱，他非常积极。对于他来讲，数制机器很自然是新技术发展的下一站。

> 麻省理工学院的“数制”工坊实验室和南端实验室是有所不同的，虽说都有同样热情的热心参与者，但他们的类型不同。在南端实验室，有一群女生用实验室的工具制作她们的高科技手工产品，然后上街摆摊售卖，在这个过程中，她们获得了很多乐趣，在表达自我的同时也学到了科学技术，更重要的是还有了收入。在南端实验室，参与者还包括附近家庭学校（home schooling）的孩子们，他们凭借在实验室里学到的实践操作的能力，找到了工作。

南端中心的“数制”工坊实验室就是我们计划中的拓展项目。感谢波士顿南端实验室附近的加纳（Ghanaina）社区，2004 年在美国国家科学基金会和加纳当地团队帮助下，CBA 在加纳海岸的塞康第塔科拉迪（Sekondi-Takoradi）设置了第二个“数制”工坊。从那以后，“数制”工坊遍地开花，从南非到挪威，从底特律市中心到印度农村，在过去的几年中，大约每 18 个月，全球“数制”工坊的数量就会翻一翻，目前总共有 100 家[1]，这还不包括那些目前还在计划建设中的。这些实验室成为以“高科技”“自己动手做”（Do it Yourself，DIY）为核心的创客运动的重要组成部分，以现代化工具制造为手段宣扬了创客的民主制造。

> 基于各地的需求而建立在全世界各地的“数制”工坊，虽然场地类型和资金来源各有不同，但实验室都有一样的核心机器设备，以及与之而来的相应制造能力。这样项目可以在不同实验室间分享，人也可以在不同实验室中穿梭往来，建立网络链接遂成为很多实验室的目标。比如：波士顿的实验室发起了一个电视天线、无线电设备和无线网络终端的项目，挪威的实验室将其设计做发展和提升，南非实验室完成测试，阿富汗实验室负责在当地部署实践，肯尼亚的商业中心又发展成为一个具有自我更新、可持续的商业模式。所有的这些都不是上述任何一个单一实验室能完成的，因为这需要广泛全面的知识结构来设计制造这个系统。通过网络分享设计文件和在当地制造，不同地域的实验室可以协同制作。这种“数据分散到全世界，当地按需生产”的能力对于工业制造产生了革命性的影响。

第一次工业革命可以追溯到 1761 年，当时英国曼彻斯特开通了布里奇沃特运河（Bridgewater Canal）。通过布里奇沃特码头，把沃斯利（Worsley）煤矿挖出的煤炭运到曼彻斯特，再将以煤炭为能源生产的工业产品输出到全世界。感谢这条没有遵循现代水路开掘的运河，让曼彻斯特的经济一度繁荣起来。1783 年，曼彻斯特只有一个开采矿，到了 1853 年达到了 108 家。渐渐地，从铁路运输，后来是卡车，再到最后是集装箱航运，运河愈来愈显得多余了。今天，曼彻斯特的工业产品生产飞速下滑，基本见底了，制造业搬迁到生产成本更便宜的地方，以适合全球供应链的变迁。

---

1. 译者注：到本书发稿之时，据 www.fablabs.io 网页的数据，全球的 Fablab 数字达到 650 家。

今天，曼彻斯特建立起一个“数制”工坊，正参与这一场新的工业革命。如今的设计制造可以依据需求，通过电子信号发布到全球的任何地方，高效而且降低了运输成本费用。与传统的钻探技术比较，今天的产品制作方法可以被任何人掌握。

为什么个人需要拥有一台数制设备呢？个人终端制造工具之所以被看作玩具，是因为从成本上来说，大规模制造和单个产品的制造相比，批量生产具有规模，每个产品成本平均下来价格通常较低。个人电脑的价格定位就是以此得来的。迪吉多数字设备公司的掌上电脑创始人，总裁兼首席执行官肯·奥尔森（Ken Olsen），曾经有一段著名的表述，“没必要每个人都在家里拥有一台个人电脑”，不过他的公司现在已经不存在了。个人电脑的存在，不是摆设或者投资；而是用来让你完成表达自我的功能：听音乐、与朋友交流、购物等等。同样，个人制造的目的不是制作那些市面上的商品，而是制作那些买不到的个性化产品。比如宜家，家具巨头们对全球市场需求进行了解，然后经过生产和运输，最后消费者就可以到箱型仓库般的商店里购买。现在，只要耗费几千美元，就可以购买到大幅面的机床，自己就可以制作像在宜家里售卖的包装好的家具部件。如果买机器的花销差不多等于购买十几件宜家家具，那么后面制作更多的家具就可以大大补偿初始花销了；而且用自己的机器加工的每一件产品，都可以按照客户各自的需求来定制；同时也不再需要远在异地的工人，本地家具制造商就可以实现。

上述观点激励了巴塞罗那的首席建筑师维森特·瓜利亚特（Vicente Guallart）开发了“数制”城市（Fab City）项目。就像西班牙的很多地方，巴塞罗那的年轻人失业率高达 50%，整整一代年轻人对于找工作感觉渺茫无助，所以很多人都离开家园。瓜利亚特联合城市的各个部门，在城市多个区域建设“数制”工坊，作为城市发展的基础设施，这些实验室可以让城市和全球形成链接并共享知识，通过本地制造，而不是购买来自远方生产的产品来解决城市的耗费问题。虽然当今的数字化制造工具还没有发展到足够成熟的阶段，但是我们不能干等，应该像巴塞罗那那样，建立在发展过程中就开始使用的可能。

通常，“数字制造”（Digital Fabrication）这一术语指的是使用 1952 年麻省理工学院数控切削机床的后代机器来完成制作的过程。其工具的“数字”的意义深深嵌入在电脑控制的过程中，材料本身还是非“数字”的。数字制造更深入

的意义就是制造过程中材料本身也是数字的。很多实验室（包括我的实验室）正在发展数字材料，为未来的数字制造做准备。二者之间的区别不仅仅在语义上，就好比有线电话音频质量随着距离的增加话质降低的原因是电话线路都是非数字的，所以噪声不断叠加。到了 1937 年，数学家克劳德 · 香农（Claude Shannon）可以说完成了麻省理工学院有史以来最好的硕士论文。在论文里，他证实了“开 | 关”交换机可以完成几乎所有逻辑功能的编码。1938 年，他在贝尔实验室工作的时候，将这个想法应用到了电话上。他将电话信号转化成 0 和 1 的代码，这样一来，即便在嘈杂、不完美的环境中，信息也可以很稳靠地发出去。关键的不同还在于对错误的矫正，如果一个“1”信号被变为 0.9 或者 1.1 的时候，系统也可以把它从“0”中区分开来。

> 在麻省理工，香农在使用巨型机械传动电脑时遇到了很大的不便，由此激发了他进一步的研究。这个机器使用旋转的齿轮和转盘，运行的时间愈久答案就愈容易出错。包括约翰·冯·诺依曼（John von Neumann），杰克·考恩（Jack Cowan）和塞缪尔 · 维诺格拉德（Samuel Winograd）在内的研究者提出数字化的数据也可以被用在电脑运算中：一台数字电脑将信息转换成 0 和 1 以后，虽然电脑的很多硬件部件可能不那么稳定，但信息数据却会变得十分稳定。数据的数字化，让曾经的大型计算机转化为一个能放在口袋里的智能手机成为可能。

现在，同样的方法应用到材料上。为了理解这一过程，可以比较一下乐高玩具和 3D 打印机的不同。首先，乐高模块必须对齐，才能组合在一起，其最终组合要求的精确度要比小孩所掌握的操作精度要高很多（也就是说：操作精确度不高的小孩可以依据乐高模块，搭建出比他能掌握的精度要高的结构）。相比之下，3D 打印机的打印过程则可能出现很多的错误（比如，某人在 3D 打印机开始打印后过了几小时再去复查进度， 发现由于打印最下层的材料和底盘没能黏合，导致整个打印失败）。其二，乐高模块可以依据自身所处的空间和大小，塑造成任何你想要的大小形状。而 3D 打印机的打印尺寸，受限于打印头可以移动的范围（也就是打印机自身尺度的大小）。其三，乐高所用材料有很大的自由度，但是由于 3D 打印机所用的材料都要经过相同的打印过程，所以可以使用的打印材料非常有限。其四，乐高搭建后的结构可以随意拆散，而各个零部件可以循环使用，但是 3D 打印机打印出来的部件不再使用时，只能扔进垃圾堆。以上就是一种非数字系统（3D 打印机）和数字系统（乐高玩具）之间的精确区别。

数字材料已经不是新想法了，它的存在可以追溯到蛋白质复制蛋白质的核糖体（ribosome）进化的时代，已有40亿年的历史了。人体有各种各样相互作用的分子机构，从肌肉的运动神经到眼睛里的感应器，核糖体用分子版本的“乐高模块”建立了各种机构，这些模块就是氨基酸（amino acids），有22种类型。组合氨基酸的顺序储存在DNA中，另一个被称为信使蛋白质的RNA将组装编码发送到核糖体。该代码不仅描述了如何合成蛋白质，它自身也会生成新的蛋白质。

我的实验室现在正在研究3D装配单元（而不是打印机），旨在开发出像核糖体那样的组装结构，这些单元能从一个离散的序列中随意添加或移除。我们正在开发的一种模块，是一个原子的装配组团，尺寸比氨基酸大一点，大约10纳米长（氨基酸只有1纳米长），它具有氨基酸不具备的一些属性，比如良好的电导性和磁性。目标就是用纳米大小的模块去建立纳米结构，比如3D集成电路。我们开发的另一个模块是用微米到毫米大小的部件：用这台机器来制作电路板，这样的电路板适合将上述3D打印的集成电路零件焊接上去。还有基于分子大小尺度的部件组装的模块，用以开发较大的结构，比如飞机零部件甚至于整架飞机。和现在的飞机相比，新材料的飞机将更轻、更强、容量更大。试想一下，我们可以用此技术生产一架翅膀可以扇动的大型喷气式客机。

现有的3D打印机和这些模块之间的主要差别在于：这些模块可以使用单一过程创建出类似飞机的完整功能性系统，它们能将固定的和可以运动的机械结构、传感器、制动器和电子元件整合在一起。更重要的原因是这些单元模块不会产生“垃圾”。所谓垃圾指不能被重复使用的信息和材料。在大自然中，在大森林地面上所有的材料都可以一遍一遍地循环使用。同样的，一个产品过时了，组装的材料不必都扔掉，可以简单地拆开，零件重构后就可以变成另一个新鲜玩意。

结构单元一般可以自我组合。现在使用快速成型设备可以快速生产出一模一样的产品部件，其最终的目标是让这些部件能够自我复制。我们在全球建立多个“数制”工坊的的动机是具有实用性的，最大挑战不是人们对于机器缺乏兴趣，或者如何教会人们使用，或者如何保证收支平衡，而是建立实验室的物流的过程，官僚作风、不称职、腐败的进出口边境把控，以及供应链无法满足需求等因素，才是阻碍我们将机器运输到全世界各地的原因。在将来，当我们准备装配模块出货的时候，如果能邮寄那些成块的数字材料，通过电子邮件将设计代码发给各个“数制”工坊，让这些装配模块进行自我复制，生成新的机器和实验室。

> 装配模块的自我复制功能规模的增长是至关重要的。核糖体的复制速度很慢，每秒钟就要添加几个氨基酸。但也由于数量巨大，人体内有万亿个细胞，每个细胞里含有数以万计的氨基酸，而且可以在需要的时候自我复制更多。同样，为了赶上《星际迷航》中复制机的速度，许多组装单元必须齐头并进地工作。

灰色粘质（Gray Goo）

这种技术有没有危险呢？1986年，工程师埃里克·德雷克斯勒（Eric Drexler），麻省理工学院第一个发表了以分子纳米技术为题目的论文的博士，描绘了世界末日场景即所谓的“灰色粘质”，那将是失去控制的自我复制系统，最后会耗尽所有的资源蔓延到全世界。2000年，从事计算机技术工作的先驱比尔·乔伊（Bill Joy），在《连线》杂志中写道，极端分子可以研制出大规模具有杀伤性而且可以自我复制的武器，他的结论是应该禁止人类对于某些领域的研究。2003年，忧心忡忡的查尔斯王子要求皇家科学院和英国杰出科学家奖金获得者们，评估纳米技术和自我复制系统的风险。

> 虽然令人震惊，德雷克斯勒描述的场景并不适用于目前自我复制装配模块的发展状况：它需要外部能源和非天然材料的输入。尽管生物战是一个严重的问题，但并不是一种新的威胁。生物军备竞赛伴随人类进化的进程。

一个更直接的威胁是，借用“数制”工具可以制造个人杀伤性武器。一家业余的手枪工坊使用3D打印机制作了一个AR-15自动步枪的下机匣。原本这个用来填塞子弹的部件是受到严格监管的，一般上面都标有枪的序列号。一个德国黑客借用3D打印机，复制了一把本应严格控制的手铐钥匙。我的两个学生，威尔·兰福德（Will Langford）和马特·基特（Matt Keeter）虽没有拿到经美国安全管理局安全检测的旅游行李箱原始主密钥，仅用实验室的CT扫描仪的X光扫描了锁，再用扫描来的数据建立了锁的模型，找到主密钥，再用三种不同的方法——数控铣削、三维打印、模塑和铸造制作了打开锁的钥匙。

上述故事已经引发一些关于规范 3D 打印机的呼吁。我有一次在面对情报分析员和军事领导人做演讲的时候，他们中的一些人就会不约而同地得出结论：这样的技术理应受到限制。这就像多少年前，有些人建议规范二维彩色激光打印的使用，因为彩色打印机出现不久，就被用来制造假币。虽然这些假币很容易露出破绽，但是在 20 世纪 90 年代，美国特工说服激光打印机的制造商同意安装一个程序，让打印机在每页打印的纸上留下一个肉眼无法识别的小黄点，这个小黄点里面包含带有打印时间、日期和序列号的一串编码。2005 年，一个保护数字版权的组织——电子前沿基金会（Electronic Frontier Foundation），解码了这一程序，并且将这个秘密公之于众，引起舆论哗然。在公众介入和调查还没有被建立起来之前，打印机侵犯个人使用者隐私的执行方案，受到大众的猛烈指责。

不管上述实践正当与否，类似的方案并不适用于 3D 打印。因为彩色二维打印机的“引擎”只有少数几个厂家才能制造，所以它们之间的协议能作为整个行业的政策执行。而 3D 打印机有那些机器制造者本身还不能制造的部分，比如电脑芯片和步进马达，都是在售商品。也是很多程序要用的大宗产品，而且没有绝对的中心控制点。而 3D 打印机的特殊部件，如热熔丝供给和喷头都是不难制作的。所以机器生产机器和几个制造商垄断生产的状况不能同日而语。

即便可以控制 3D 打印机，“对攻击性的需求”这点本身已经是很好的市场需求。廉价的武器在世界上也不难找到。CBA 在一些有冲突地区运行“数制”工坊的过程中曾遇到人们来实验室制作战争的替代品。虽然功成名就的精英们，没有把技术当成一种威胁，但是一旦出现问题的话，将对他们的权威是一种挑战。比如，在阿富汗的贾拉拉巴德（Jalalabad）的“数制”工坊已经开通了无线网络，为社区提供登录互联网服务，这是在那个地区有史以来第一次，社区可以向世界其他地区的人们学习，同时也可以拓展自己的网络。

有关“数字制造”的最后一个引发争论的问题就是盗取知识产权。如果产品以设计的形式传递，并且按需生产，如何制止这些设计在没有被许可的情况下复制，这就是音乐和软件行业面临的矛盾。这些行业立即借用技术限制文件拷贝，但是也以失败告终。这是因为这些技术很容易被先前想作弊的人规避，这让其他人十分愤慨。正确的解决方案就是开发一个能十分方便地合法买卖软件和音乐的程序应用。“数制”的文档也可以用同样的方式进行售卖。与大规模生产不同，这种方式迎合了有特殊喜好的群体。

> 对“数字制造”设计的专利保护，只有限制其知识产权的使用，并且具有明确的侵权识别力，才能真正起效。这个理论适合于造价昂贵的集成电路铸造的产品，但是不适合于成本较低的“数制”工坊制作出来的东西。任何能使用这些工具的人都可以在任何地方重复设计。与其试图限制访问，不如借鉴蓬勃发展的软件业，如雨后春笋般涌现免费提供源代码共享，并以提供的服务作为补偿。数字制造工具的传播导致了相应开源硬件的实践。

创新筹划

社区不应该害怕或者忽视数字制造。找到更好造物的方法有助于建立更好的社区。比如在底特律的“数制”工坊，由创业者布莱尔 · 埃文斯（Blair Evans）为“问题青年们”的社会服务提供了一种方案，鼓励和帮助他们按照自己的想法去设计和建造事物。

> 这里有几种可能的方式来挖掘数字制造中的收益。一种是“自上而下”的方式。2005 年，南非启动了全国“数制”工坊实验性网络，通过全国先进的制造技术战略来鼓励创新。在美国，比尔 · 福斯特（Bill Foster）代表（D-伊利诺伊州）在拟议的立法中，提出了《2010“数制”工坊实验室网络法》（National Fablab Network Act of 2010），创建了国家级的“数制”工坊来链接各地的实验室。现有的“数制”工坊全国实验室网络系统拥有数十亿美元的设施，但是它们一直在争取能影响到附近的社区。而福斯特的预案就是要尝试将实验室带入社区的一种系统。

另外一种是“自下而上”的方式。很多现存的“数制”工坊实验室，如底特律的实验室就是从一间致力于处理民间问题的非正式组织发展而来的。这类实验室已经加入了国家项目，如美国的“数制”工坊实验室网络，比利时“数制”

工坊（Fablab.nl），还有卢森堡和荷兰，它们都完成了单个实验室无法想象的艰巨任务，比如在各地设置新的实验室。反过来，各个地区的单个实验室通过“数制”基金会（Fab Foundation）为全球挑战和问题做支持，比如在全球范围采购特殊材料。

为了让大家能熟练掌握在实验室里学习的知识，“数制”工坊网络推出了“数制”学院（Fab Academy）。边远实验室里的孩子们，不用再受制于当地有限的教育水平，也不再需要跋涉千山万水，到其他地方的高级机构求学。为了防止各地的人才流失，“数制”学院将众多当地的实验室链接到全球校园网。除了在实验室可以使用各种工具，实验室的学生们还可以相互学习，当地还有导师来指导他们。同时，他们也可以参与全球视频讲座交互，并且在线分享项目经验和教学材料。

在传统的教育模式中，老师、书籍和实验室都是比较稀缺的，学校最多只能允许几千人同时使用实验室。打个比喻：如果麻省理工学院是一台大型机，那么学生们就是从世界各地赶过来编程的。近年来，远程教育正受到人们的关注，它开启了一种新的替代式教育，可以同时容纳更多的学生。同样是用计算机来做个比喻，远程教育就像大型机的实时共享，远程实验室的学生们就像链接到校园主机的各个终端。“数制”学院更类似于互联网，通过本地链接进行全球管理。数字通信和数字制造的结合可以高效地把校园高等教育带到学生身边，他们可以按需在当地制作项目，而且可以进而分享。

如何创制（几乎）万物

据美国劳工统计局（the U.S. Bureau of Labor）的统计分析，预测到2020年，美国将会在科学技术、工程和数学等领域提供约9.2万个就业岗位。根据美国国家科学委员会（National Science Board），也就是国家科学基金会的智囊团汇编的数据，对这些领域的本科学历学生的需求超过了大学招生数量。而且，这些领域的女性和少数民族也明显不足。数字化制造为了这些新的岗位需求提供了一种新的回应，作为整个流程的最前端，孩子们可以在任何一个实验室，按照自己的兴趣选择各种工具。“数制”工坊寻求一种两者间的平衡，这两者就是：分散的自己动手做（DIY）的创客运动和一起动手做（ Do It Together，DIT）的相互辅导。

毕竟，“数制”工坊的真正强大之处并非其技术力量，而是其所产生的社交效应。那些推动知识型经济的创新人才，都有一个共同的特点，那就是他们不循规蹈矩。要创新，就要不断地向传统的假设提出质疑，这就需要营造一个安全的研究和工作空间。一般高等教育和科研机构只能为数千人提供这种空间。如果能为无处不在的创新人员提供宽松的环境，那一定可以让这个星球上更多的智慧在这场数字革命中发挥作用。

数字化制造包含比 3D 打印更多的内容。这些组件包含不断演化——将数据转化为实体，同时将实体转化为数据的能力。虽然要完成这样的使命，还要经历很多年的研究和等待，但是这场革命其实很早就开始了。核心的挑战是如何回答这个中心问题：当每个人可以在任何地方创制（几乎）万物的时候，我们将如何生活、学习、工作和娱乐呢?

如何创制……

大型计算机价格昂贵、市场有限，一般是由熟练技师在专门的机房里进行工业化操作。早期对计算机销售数量的预测数值很小，现在回想起来十分可笑。个人电脑的普及给予了大众能够使用先进的计算机技术的机会，也让崭新的工作和娱乐方式大量涌现。

然而，制造计算机（以及配件）的设备依旧昂贵且其需求有限，依旧由经过专业训练的技师在特定场所进行重复的产业化操作。如同早期由大型计算机向个人电脑的过渡一样，机床的能力也将演进到可以由普通人通过个人智机（Personal Fabricators，PFs）驾驭。而这次革命的意义可能更为深远，因为这次将被个性化的是我们由原子构成的物理实体世界，而非由比特建构的计算机的虚拟数字世界。

个人智机是一部制造机器的机器。它像一部打印机，可以打印物品而非影像。我在本书中所说的个人智造，不仅可以创造三维结构，还可以集成逻辑、感知、驱动和展示——搭建一个完整功能体系所需的一切。可以从网上下载商品的设计方案，也可以自行设计一款商品，向智机提供设计和原材料来制造商品，而无需再到商店购买或定制商品了。

可编程的个人智机并非仅仅是预测，现实中已经存在了。明日世界可由今日工具所洞见。本书讲述了世界上了不起的工具和它们背后同样杰出的使用者的故事；解释了什么可以制造、为什么制造，以及如何制造三个问题。

我最初发现个人智造的可能性，是通过我在麻省理工学院教授的一门异常火爆的课程。这门课的名字很“谦虚”，叫作“如何创制（几乎）万物”。我是麻省理工学院比特与原子研究中心（CBA）的主任，这个机构约有 15 位跨学科的教职员工组成，他们的专业涉及物理、化学、生物、数学以及机电工程。他们都和我一样，对把计算机科学从物理科学中人为地分离出来的做法很不以为然。

宇宙在事实和象征意义上都是一台计算机。原子、分子、细菌和撞球都可以储存并变更信息。使用离散式的计算语言，而不是连贯的微积分算式来描述实体系统的行为，不仅能开发出量子计算机这类更新、更强大的信息技术产品，还能带来有关宇宙本质的深刻认识，如黑洞的长期表现。如果宇宙是一台计算机，那么计算机科学就称得上是一切科学的科学了。

在物理科学和计算机科学的交汇处，程序既可以处理比特，也可以处理原子。如同通信和计算早先被数字化一样，制造也可以数字化。最终，这意味着一个可编程个人智机能通过原子组装来制造任何东西，甚至是它自己。这将是一台拥有自我复制能力的机器，同时也是科幻小说中反复出现的重要元素，而这类机器的作用时好时坏，有时甚至极为有害。

在《星际迷航：下一代》的每一集中，复制机都是必不可少的道具，需要什么就制造什么。它就像一台庞大的自动售货机，不过比售货机的用处大得多，它可以生产出任何东西。理论上讲，复制机通过储存指令将亚原子粒子合成为原子，再将原子合成为分子，最后将分子合成为想要的万物。对皮卡德上校而言，只需发出“伯爵热红茶”的命令，就可以从复制机中获取一壶热气腾腾的好茶。

而《银河系漫游指南》（*Hitchhicker's Guild to the Galaxy*）中的亚瑟·福特（Arthur Ford）就没那么幸运了。为了一杯茶，他不得不与那台性能欠佳的自动营养饮料合成机斗智斗勇。自动营养饮料合成机并不事先存储分子特性，而是试图对亚瑟的新陈代谢进行分频谱分析，探测他大脑中的味觉中枢，以此来调制出个性化的饮料。就像皮卡德上校的茶一样，亚瑟的饮料也是由分子成分合成的。但是，自动营养饮料合成机调制出的，只能是满满一杯貌似红茶的液体，但一点茶味都没有。

这两个故事都不违背任何物理定律，事实上这种原子量级的可编程组装在今天的实验里已经成为可能（只要你的味觉不超出原子构成的物质）。

为了开发出可以大规模运行的个人智机，我和麻省理工学院的同事们组装了一系列机器来制造个人智机。这些工具利用超音速水射流、高功率激光或者微观原子束来制造几乎任何东西。不过，很快我们意识到一个问题，要完全掌握这些工具极费时间，学生上一辈子课也难以取得实践经验把工具结合起来创造完整的工作系统。于是我们想到，不如开设一个学期的实践课程来介绍所有的机器。

1998 年我们首次尝试教授“如何创制（几乎）万物”的课程。这门课面向一小群即将使用这类工具进行研究的高年级学生。当大约一百人出现在只能容纳十人的教室时，可以想像我们有多诧异。而且到场的并非我们预期的学生，艺术家、建筑师的人数足可与工程师抗衡。在学生队伍中，类似的说法不绝如缕：“上这样一门课是我一生的梦想”、“只要让我进教室，叫我干什么都行”。然后他们还会悄悄打听：“在麻省理工这门课显得过于实用了，学校真的允许开设它吗？”

一般来说学生很少有这样的反应。这门课一定是出了什么问题，要不就是我教的其他课出了问题？我逐渐开始怀疑后者。

首先，让我诧异的是技术经验较少（相对麻省理工学院而言）的学生显示出深厚兴趣。其次是他们选择来上课的原因。基本上没有人是为了研究才来听课的，相反，他们都渴望制造一些一直想要、但还未问世的东西，这种渴望才是他们的动力。学生的设想有的很实用（如需搏斗摔打才能关闭闹铃的闹钟），有的富于想像（如为鹦鹉制作的网络浏览器），有的光怪陆离（如收集呐喊的便携式背包）。这些发明的灵感并不是专业性的，而是个性化的。其目的不是为了发表一篇论文，申请一项专利，或推销一种产品，他们的动机源于制造并使用自己的发明并感受到的快乐。

让我惊讶的第三点是学生们卓越的成就。起初，他们的技能相较于高级工程操作更适用于艺术和手工艺。现在，他们已经可以轻松独立地设计并搭建完整的功能系统。这既需要创造物理形态，也需要创造逻辑函数。前者要求熟练运用数控工具，通过增、减材料实现三维塑形；后者需要设计制造集成电路，其中包含以输入、输出装置为接口的电脑嵌入芯片。在工业制作过程中这些任务是在团队中进行分配的，有人构思、有人设计、有人制造产品。团队中没有一个成员能完成所有的任务，即使他们能，也不会这样做。营销会议上的产品企划案也不太可能推出令人拍案叫绝的个性化技术（即使参与者也许暗自渴望）。

令我惊喜的最后一点是学生们学习的过程。班上竟然形成了一种金字塔形的传播方式。就像传统的工程师无法具备所有的设计和生产技能来独立完成项目一样，学生们的背景各异，设备五花八门，任何一个课程或老师都难以照顾周全。然而，班上的学习过程是由对知识的渴求而非供给驱动的。一旦学生掌握一种新技能，比如水射流切割或微控制编程，他们会以一种近乎传播福音的热情向别人展示如何运用这项技能。当他们的项目需要新技能时，就会向同学学习并将其传承下去，在此过程中形成了大量的教学资源。这个阶段会持续一个月左右，此后他们便忙于使用刚学会的工具而无暇他顾，而在他们之后的学生又继续学习和传承。这个过程可以看作是一个“即时教学”的模式，“按需施教”而不是传统的“备用教学”，即按设定的课程大纲教学，希望其会涵盖将来用得着的内容。

同样的事例年复一年不断重现，我开始意识到，学生们的所作所为已超出课程的范畴：他们在创造一种新的文化理念。人们对“文化素养”的理解通常局限为阅读和写作，但是在文艺复兴时期，含义要广泛得多，意味着对不同表达方式运用的驾驭。然而此时，物理制造被认为单纯追求商业利益的“狭隘艺术”，而我的学生正纠正着这一历史性错误。他们用价值数百万美元的设备进行技术性的个性表达，每一个比特都像诗歌或绘画一样生动传神。

今天，把制造工具用于自由智造而不是传统生产工作的场还并不多见，但工具的功能将整合为买得到而且买得起的消费版本。这一未来是一种向工业源头的回归，那时艺术尚未与工匠分离，生产更多是为了个人而非大众；那时还没有我们今天司空见惯的基础设施，发明创造更多被当作一种生存手段，而非特殊职业。农具、家具、武器和装甲的所有设计、生产以及工程工艺都是本地诞生的。让工具制造回归家庭的目的，并不在于再现边远地区的艰苦生活，也并非要在家庭作坊中打造出“尖叫容器”（personal-scream-container）的生产线。其宗旨是把技术发明的控制权归还于使用者。

智造个性化与计算个性化的进程是相近的，两者之间的比较也具有指导意义。还记得那些身形庞然的大型计算机吧？1949年，《大众机械》（*Popular Mechanics*）杂志曾作出著名的预测：“未来的计算机重量可望不超过1.5吨。”DEC首先将计算机的尺寸从房间大小压缩到桌子大小，称之为“编程数据处理器”（PDP）而不是计算机，因为计算机市场非常小，难以为继。不过随着时间的推移，这类设备逐渐被称作“小型计算机”。1964年DEC的一则广告骄傲地宣称：“27 000美元，磁芯的价格，PDP-5计算机到手。”这仍比今天的个人电脑贵得多，但却比一台大型计算机便宜得多。至此，小型计算机已拥有一小部分个人用户，而不再局限于大公司，于是小型机由满足企业需求转向满足个人需求发展。PDP后来瘦身到可以置于桌面，但却没能走上桌面，因为研发工程师们不能理解普通人的需求。DEC总裁肯·奥尔森（Ken Olsen）在1977年说，“人们没有任何理由在家里摆一台计算机。”如今个人电脑已进入家庭，而DEC已不复存在。

个人电脑的普及是由“杀手级应用”（killer apps）所驱动的。这些应用程序是如此吸引人，以至于人们愿意购买整套系统来运行它们。一款经典杀手级应用是最初的电子表格——VisiCalc。1979年，它使第二代苹果机从业余爱好者的玩具变成一款正经的商业工具，也正是它推动了 IBM 进入微机业务。1983 年，VisiCalc 的第二代产品 Lotus 1-2-3 对 IBM 的个人电脑也起到同样的重要作用。“如何创制（几乎）万物”课程里的学生们今天使用的机床很像当年的大型计算机。它们占据大量空间，并且价值数十万美元。不过，如果不考虑其大小与成本，它们在年复一年地使用中已经证明，个人智造的杀手级应用正在更多地满足个人的需求，而非大众市场需求。对一位学生而言，这可能意味着让鹦鹉上网；对另一位学生而言，则可能是早上叫她起床的闹钟。学生们不必向他人证明自己创意的价值，只需把自己想要的东西创造出来。

成就个人电脑的是集成电路，它直接引导了微处理器的发展，将电脑心脏放置于一个小的硅芯片上。要把一屋子的机床桌面化呈现，需要功能材料的打印。打印机的墨盒内储有青色、红色、黄色和黑色的墨水，通过精确布控墨点，使其混合，造就完美的影像复本。在目前的研究中，类似的墨水可以用来打印制造电路的绝缘体、导体和半导体，以及三维塑形的结构材料。将以上功能材料集成到墨盒中，可以复制出任意的物品和影像。 麻省理工学院曾经的说笑现在几乎成真：当参与项目的学生的论文走出打印机的时候，他就可以毕业了。换言之，在打印论文文本成型的同时，学生们必须找到打印的正确方法。

最终，组装一个物品的逻辑将植入材料，不再依靠打印机来布控材料的墨点沉积。我们的身体也是以这种方式构成的，名为核糖体的分子机器将翻译出基因的指令，来得到 20 种氨基酸组合形成蛋白质的序列。逻辑构造的形成已有数十亿年历史，对生命的出现来说至关重要。当前，人们正研究如何对功能材料进行这样的处理，从而创建一个对微观构建进行组装编程的数字制造程序。这一制造机制将体现于使用此类结构材料的个人智机里，正如机器需要空气、水和电的供应一样，数字个人智机将以导体、半导体和绝缘体为原料流。个人智机不同于当今的机器，因其组装的物品是由固定套件构成的，它就像孩子的积木一样，能够拆解并按成分进行分类处理。数字制造的反向操作过程就是数字回收。由数字材料构造的物品包含足够的信息来描述其构造，因而也可以对其进行解构，这样组装者就可以反向操作，拆解它并循环利用其原材料。

我们正处在智造的数字化革命的起跑线上。早期的通信和计算的数字化革命，使得设备能够更加稳定地发送信息和执行运算；智造的数字化将通过组装过程中的不断纠错，使不完备的小型组件构建出完备的大型物件。

让我们回到关于大型计算机的比喻。大型机与个人电脑之间的过渡关键是小型计算机，类似的过渡也适用于个人智造的发展。在今天只需要几千美元就可以买到功能齐全的案头设备——个人智机，这是因为工程设计无论在时间还是空间上都变得越来越廉价。

首先是空间部分。一部并不昂贵的 CD 机的读头分辨率就有百万分之一米，即一微米。把这一精度与一台桌面数控铣床结合起来，可以形成同样精度的三维切割工具。它实现的材料切割和塑形的偏差接近肉眼观察的极限，可以精确切割出拥有最细微组件的电路板。

然后是时间部分。一枚一美元大小的嵌入式计算机芯片的运算速度不到百万分之一秒，即一微秒。这个速度已经快到足以使软件实现以往需要定制硬件才能实现的功能：比如产生通信信号或控制显示器。对一个芯片进行编程，可望同时实现很多不同种类电路的功能。

我们对空间和时间的管理触手可及，可以用一台中等大小的设备（麻省理工学院课堂级）创造出精确到微米的物理形态，并以微秒计的速度进行逻辑编程。实验室需要远比打印机墨水复杂的可消耗材料，如制造电路的覆铜箔板和嵌入设备的计算机芯片。但是，对于麻省理工学院的学生来说，这些能力可以结合起来创造完整的功能系统。其最终结果近似于一台完整的个人智机，由用户对其进行技术发明。

小型机为个人电脑的最终用途提供了示范，从文字处理到电子邮件再到互联网，但这些功能只有在技术发展到足够低廉和简易时才能普及。受此启发，我想知道是否有可能配备原始的个人智机来学习如何运用，而不是坐等所有相关研究的完成。

这一想法催生了“数制”工坊实验室的实践项目，从而促使世界各地远离麻省理工学院的人们参与探索个人智造的意义和应用。“数制”工坊是用来制造的实验室，也可以理解为是一个神奇的实验室。就像小型机将处理器、磁带机、打孔机等分离的部件组合起来一样，“数制”工坊包含市场上可买到的机器和各类用于制造的软件与程序。第一批“数制”工坊包含一部激光切割机（切割二维部件用以组装三维结构）、一部标记切割机（用电脑控制的刀片去灵活打印和切割出电子连接和接收器）、一台拥有三维的旋转切割工具的铣床（制造电路板和精密部件），以及一些嵌入式高速可编程微控制器。如早期的小型机都被称为“程序数据处理机”，所有这些设备都可以称作“可编程材料处理器”。实验室的配置并非一成不变，其长期目标是用部件复制部件，设备复制设备，直到最终“数制”工坊也能实现自我复制。

美国国家科学基金会（NSF）通过支持比特和原子研究中心（CBA）为“数制”工坊提供种子基金。NSF 希望它资助的比特和原子研究中心的研究活动能拓展，超越以往通常局限于在当地学校的课程或记录科研的网站。然而，我在比特和原子研究中心的同事们和 NSF 的工作人员一致同意尝试帮助普通人获取装备，使他们学习麻省理工的教学内容并将其真正付诸实践。在“数制”工坊，让人们可以完成，不久以前只有依赖麻省理工才可能有资源进行的工作（对在麻省理工管理成本高昂的那些日子，至今我还记忆犹新）。

从 2002 年开始，第一批“数制”工坊在印度农村、哥斯达黎加、挪威北部、波士顿市中心和加纳开设。每个地方的设施最初都花费了大约两万美元。由于随着技术进步成本会降低，我们并未指望首批“数制”工坊在经济上能自给自足。在实践过程中令我们诧异的是，即使需要花这么多钱，对复制实验室的需求仍络绎不绝。

设立“数制”工坊的初衷是了解哪些工具和制造程序最具实用价值，因此在还未清楚最佳运作模式时，我们就设立了第一批实验室。和在麻省理工一样，这些工坊的实际反响和效果十分迅猛；与学院周边社区一样，世界各地对这些设施的需求也特别强烈；我们最终在许多遥远的地方纷纷开出了“数制”工坊：在印度西部的帕巴拉村（Pabal），人们可以在实验室中制作测量工具，以检测奶制品安全，用以提高农业机械的功效；在比图尔（Bithoor）的恒河畔，当地妇女试图通过三维扫描和 3D 打印雕刻木块，用以编织赤坎（chikan，一种当地刺绣）；挪威北部林萨潘（Lyngen Alps）山脉的萨米（Sami）牧人想通过无线网络和动物标签传输数据，使数据随羊群在山间漫游；加纳的人们希望制造一种可以直接从充足的阳光中提取能量的机器，从而替代当地稀缺的电力；在波士顿市中心，孩子们则在实验室中将废料制作成畅销的首饰。

上述案例的频繁发生证明了：相比发达国家与发展中国家在电脑应

用上的“数字鸿沟”，世界各地在智造和装备工具方面的鸿沟更为巨大。桌面式计算机（台式电脑）在没有桌子的地方用处寥寥；它们常常被闲置在与世隔绝的赞助机构建设的机房里。合理的电脑运算需要建立在制造、测量、修正物理世界的原子和虚拟世界的比特的媒介上。“数制”工坊的主要职责不是向大众传播信息技术（Information Technology，IT），而是普及信息技术开发工具、为解决当地的实际问题研发技术方案。

长期以来，有种偏见是：在全球发展中，技术所扮演的角色反映了发展本身由低端向高端的演进。然而，“数制”工坊的经验表明，一些最不发达的地区往往需要最先进的技术。这一发现使我不断地前往华盛顿反复进行游说，从世界银行（World Bank）到国家科学院（National Academy of Sciences），再到国会山（Capitol Hill）和五角大楼（Pentagon）：与其花费大量财力向全世界输送电脑，还不如输送能制作电脑的工具；与其试图让孩子们学习知识引发对科学的兴趣，不如给他们配置能在实践中学习的科学装备，教给他们知识和赋予他们工具，让他们能自主地发现科学；与其制作更好的武器炸弹，不如利用新兴技术帮助人们建设更好的社区。

在连续的游说经历中我发现，没有哪个机构知道如何创造合适的理由和通道，为上述的构想买单，五角大楼里也没有设置“避免战争的高技术办公室”（Pentagon Office of Advanced Technologies for Avoiding Wars）这样的行政单位。在服务设施水平低下的社区，为个人智造作融资，显然超出了对传统基础型研究基金的要求；对于传统的赞助机构或资助者来讲，这样的项目也显得过于冒险。小额信贷可能算是最接近这个目的的基金。在发展中国家，这类小额贷款基金通常是由妇女掌管的，用来支持金融合作项目。贷款用于资助像手机这样可以产生收入回报效应的投资。然而，这样的模式也并不适合为“发明”而进行的融资。因此这里需要的不是银行家，而是优秀的风险投资者。这并不矛盾，优秀的风险投资者，要懂得帮助初创者保护和经营创意，建立执行团队，同时拓展商业模式，以此能够使投资的项目增值。

从个人电脑与个人智造似曾相识的发展史来看，新的商业模式崭露头角。最初，商业软件的开发商和客户都是大公司，因为只有他们才能买得起运行软件的大型计算机。而当个人电脑出现后，任何人都可能成为软件开发者。而这时候，大公司仍需要开发并销售大型的程序，尤其是那些用以运行其他程序的操作系统。最终，电脑网络的技术工程与人际网络的社会工程相结合，使个人开发团队可以协同创造出功能最复杂的软件。

程序员编写大家可以读懂的源代码，源代码又转换成计算机可以读懂的可执行代码。商业企业一直保护着源代码，而把执行程序分售给消费者。但是，很多愿意公开自己源代码的个人程序员，可以组合成特殊团队（ad hoc groups）进行协作。在这里，他们可以和从未谋面的合作者共同编写出依赖任何个人都无法完成的大型程序。Linux 操作系统就是基于这种开源（open source）方法开发的。科学的进步依赖于现在的研究者可以在以往研究人员的出版文献的基础上，继续开拓自己的新研究；同样，一名程序员提供的一段开源代码，有可能被地球另一端的某人获取，并在此基础上加以改进。

在开源软件的世界里，只拥有电脑或是提供代码还都不能独立成为专有的商业模式，要真正变成商业模式，还需要通过为使用者创造内容和提供服务等其他方法为软件增值。那些赚钱的新、老电脑公司的商业模式就是通过免费为消费者提供软件，而通过为消费者解决问题中所发挥出的价值来收费。

同样，是否拥有生产产品的工具和机器，长期以来一直是定义工人和资本家之间的分界线。但是，如果那些工具和机器变得容易获得，如果设计变成免费共享的，那么硬件就有可能遵循软件的上述演进方式。与开源软件一样，开源硬件虽然开始只有简单的智造功能，却正奋力追赶着那些傲慢的大公司，这些大公司始终不相信个人智造的“玩意儿”可以替代他们“真家伙”。厂家和消费者之间的边界将逐渐模糊，直至二者融为一体，市场可以小到只有一个人，也可以有多达十亿人。

二维图像打印机作为个人智机的前身，已经经历了这种过渡。高质量打印过去只用于商业服务，后来凭借激光打印机走进家庭。一部工业打印机最重要的属性是其生产能力，即每分钟可印制的张数。技术发展比例曲线中，为迎合行业特定需求的工业级打印机的速度越来越快，（要批量打印，可以使用工业级打印机）这让个人激光打印机的需求慢慢开始下降。惠普（Hewlett-Packard，HP）有一群工程师认为，要印制漂亮的图像，喷射墨点（喷墨打印）可以比将色粉转印到纸上（激光打印）更经济。虽然喷墨打印比激光打印速度要慢，不过他们的逻辑是，对家用打印机来说打印品质远比速度更重要。就为了这么一个异想天开的想法，他们脱离了设在帕罗奥图（Palo Alto）的惠普总部，到渺无人烟的俄勒冈州的科瓦利斯（Corvallis, Oregon）开店。之后，他们创造了一部商业历史；高质量的打印效果，几乎就可以开一个合法印钞的工厂了。可是最终，喷墨打印机还是没能代替商业打印机，但它创造了一个全新的巨大的市场，这一市场的驱动力是打印质量和便捷度，而不是打印速度。

与此相似，我所描述的新兴个人智造工具的产生，也是针对个人生产而非批量生产。个人智机的出现，最初也是在工厂创造产品过程中，由快速原型的制作需求驱动的，因为在设计过程中的原型纠错，可以避免在大批量生产流水线上再纠错的昂贵代价。大型机器设备展会上，大型切割机、冲压机和切模机这些机械食物链顶端的工具都居中布局，快速原型和个人智机常常被贬到一些宁静的角落中。但如果市场就是一个人，那么原型就是产品。大型机械将继续大规模量产；螺母和螺栓的价值在于它们每个都一样，而不是它们的独一无二。而小型机械可以定制具有差异性的产品，也就是在创制万物课上和“数制”工坊中所生产的那些发明。

个人智造最大的障碍不在于技术，技术上已经可以有效实现了；障碍也不在教育培训，基于项目的同步平行模式（just-in-time peer-to-peer project-based model）确保了全球每个授课现场都能和在麻省理工学院上课有一样的效果。个人智造最大的障碍其实很简单：在于大家对这一概念还缺乏了解，甚至不认为它是可能的。这就是我们编写了这本书的初衷。

本书讲述了个人智造先驱们的故事以及他们所使用的工具。因为二者都如此动人，我将他们的故事相互交织于几个章节里，以揭示那些出现的新的应用程序，和让这些程序能得以成功的过程。本书的任务就显而易见了：不仅仅要描述谁在做什么，还要说明如何去做。对工具的介绍，也让读者身临其境地感受麻省理工学院以及“数制”工坊现场。本书还充满了实操的培训，在最后章节，我详细介绍了如何复制书中所展示的那些产品，以及复制它们所需要的程序和流程。

我使用了经典的“你好，世界”（Hello, World）为范例贯穿全书。1978 年，贝尔实验室新编写了 C 语言，其介绍手册中以一个简单程序打印出的“你好，世界”字样为例。这事听起来好像没什么了不起，但在当时，要懂得如何用计算机语言编写出基本程序，再用程序打印出文字，着实是件激动人心的大事。从此，每有新的计算机语言面世，都以“你好，世界”的编程作为范例。美国计算机协会目前列出了从 A+[1] 到 zsh[2] 一共 204 个语言版本的范例。

那些“你好，世界”的程序与我在本书中所给出的范例有所不同，我的范例涉及的不仅是如何排列比特，也需排列原子；不仅编辑电脑命令，也需移动物体材料。不过我们的原则是一样的：用尽可能少的特性来展示每一个工具如何有效工作。将书中范例整合在一起，就可以描绘出一个相当完整的智造画面：如何让任何人制造出几乎任何东西的不同方式。

我希望《智造》这本书能激发更多人开创他们自己的技术未来。我们历经了数字革命，但我们无需一直沉浸在数字革命之中。个人智造将我们在数字世界里创造的可编程性转化成我们居住的物理世界。当成群结队的企业家、工程师与学术权威都在试图寻求下一个杀手级的计算机程序应用时，计算机界的最瞩目发展却从计算机机壳内部跳离出来，严格意义上讲，是如何去制造机器。

---

1. 译者注：A+ 是一门阵列编程语言的名字。它是由摩根 · 斯坦利公司在 1980 年代在 APL 的基础上开发起来的。现在使用 GPL 授权。

---

2. 译者注：zsh 是一款功能强大终端（shell）软件，既可以作为一个交互式终端，也可以作为一个脚本解释器。它在兼容 Bash 的同时（默认不兼容，除非设置成 emulate sh）还有提供了很多改进。

……几乎万物

凯丽（Kelly）

我们在麻省理工学院教授“如何创制（几乎）万物”的第一年里，有位明星级学员叫凯丽·多布森（Kelly Dobson）。她是位艺术家，有很多创意，却缺少电子方面的背景。与班里其他学生一样，她要将在学期内学到的很多技巧应用在她的项目中。独特的是，她选择的问题是如何能让自己在不合适大声的环境中尖叫。最终获得的产品就是凯丽的“尖叫背包”（ScreamBody），它看上去像是一只背在身前的绒毛背包。

在最后的路演中，凯丽这样描述道：“你是否曾急切地希望大声尖叫？却又苦于身处于工作或者许多其他不适合尖叫的环境？‘尖叫背包’就是你大声呐喊的便携式个人空间。当你对背包尖叫时，声音会被消除，不过同时它也会录下来，然后在你想要的时间、地点，以你想要的方式释放出来。”

人们听说这一作品时的反应常常是这样的：先是大吃一惊，她真的做了个能储存叫声的机器？然后，当大家看到这东西真的管用时，人们不禁莞尔，希望自己也有个尖叫背包。最后，大家都对凯丽完成的这一发明表示由衷的欣赏。

◇ 尖叫背包探秘

◇ 尖叫背包内部

她首先制作储存叫声的电路（circuit），将其焊接到一块电路板（circuit board）上。这就需要对一台嵌入式电脑进行编程，以控制录音和回放。接着，她需要开发出叫喊者与背包之间进行互动的传感器，并将这些设施组装进一个舒适的、具备静音和消音功能的可穿戴背包中。

在传统企业里，要做出这样一款产品需要一个战略小组对各项分工具体负责：电气工程师设计电路、电脑科学家对芯片进行编程、机械工程师制造结构、产品设计师将所有组建组装在一起、工业工程师对产品生产进行策划、营销人员则去寻找买家。对包揽了这些活的凯丽来说，她的产品只要能引起他人的共鸣就心满意足了。凯丽认为，理论上得知晓并利用信息承载的一切可能的表达方式进行沟通。她将设计电路和包装视作一种个人表达，而不是产品开发。她设计“尖叫背包”的目的不是市场，而是因为她自己的需求。

个人电脑或个人电子设备往往由工程师团队协同设计，旨在满足数量巨大的市场需求。与此不同的是，凯丽的个人尖叫辅助设施只有一位用户——那就是她本人。她的特别之处在于，与大多数人一样，她剥离平庸而呈现个性。在项目中，她利用合适的技术帮助自己尖叫；其他人也可以利用其他合适技术帮助自己种粮食、打游戏或定制首饰。个性化需求不太可能由大众市场导向的产品来满足。同理，一台真正的个人计算设备不应是量产的，也不是批量定制的，而应该是个性化设计的。

美真（Meejin）

自第一堂课程开始后的数年中，我不断惊喜发现我们的学生，无论是本科生还是来参加课程的教员，在个性化适用性技术领域，都有着自己独特而奇妙的想法。在凯丽毕业之后，又出现了一位建筑系新来的教授尹美真（Meejin Yoon），与凯丽一样，她也没有智造的经验，她来上课的动机是希望自己能独立把设计做出来。

美真对于私人空间被技术所侵犯这一现象十分烦恼，她想利用技术帮助人们定义和保护私人空间。她设计的防护装表达了这一想法，其灵感源于豪猪、河豚等动物保护它们各自领地的方式。她发明的自卫服（Defensive Dress）看上去像一条带流苏的新潮裙子，只不过这些流苏是由硬钢丝组成，距离传感器控制下的马达将硬钢丝与裙子连在一起。当有人走进穿戴者设定的距离范围内时，钢丝就会翘起，以宣示和保护使用者的私人空间。无数商业化可穿戴设备的目的都是让人与人之间交流最大化，而这一款设计却致力于最小化陌生人间的交流。

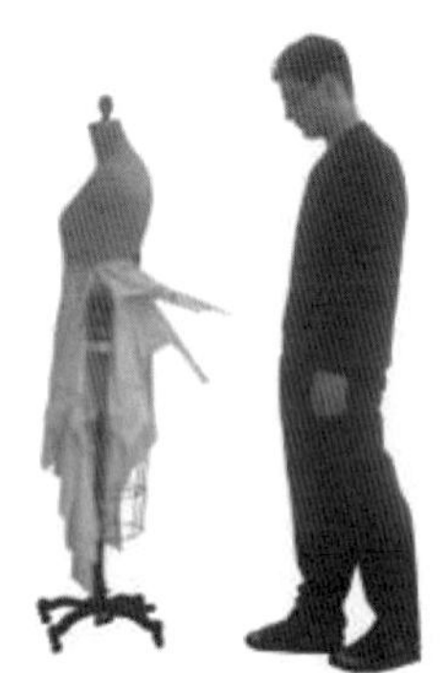

◇ 自卫服

雪莉（Shelly）

在美真毕业后，我们的课上又来了一位崭露头角的生物学家，名叫雪莉·利韦猜德克（Shelly Levy-Tzedek），她以往搭建的物体都不超过分子尺度。她着手解决的是麻省理工学生倍感压力的实际的问题：起床。市场上的闹钟太容易被关掉，实在叫不醒那些确实缺觉的科学家们。

雪莉决定通过提高闹钟的智商来使这场人与闹钟之间的抗衡更加公平，闹钟对昏昏欲睡者们发起了关钟的挑战。她制作了一个相当怪异的钟，关闭闹铃不再仅仅是按钮那么简单。它有一些随机闪光的管状凸起，要求使用者按照灯管闪亮的顺序依次正确按住它们，从而关闭闹铃。这对清醒的人来说都很有挑战性，而对于黑暗中半梦半醒的人而言，摸索着去关闹钟就成为一项极度困难的任务。当雪莉在“数制”课程项目路演会上演示这个闹钟时，大家普遍一致的反应是“哪里能搞到一个？”

雪莉发明这款闹钟的过程就如同产品自身一样极具意思。在一边研发产品过程中，她一边在网页上记录下技术博客：她早期的创意、技术档案、对实验成败的观察心得。班上的学生们都利用这种博客来交流设计思想、取长补短，并分享问题与解决思路。后来，这样的博客演变成为后继学生们的指导材料，也永久记录下来那些往届的优秀作品和成果。

戴利亚（Dalia）

有些学生无论是在机构上还是距离上都与麻省理工相距甚远。南端实验室是一个位于波士顿市区的社区中心里的南端技术中心，作为“数制”工坊的试点，“南端”尝试着将在麻省理工的创制万物课上使用的大型机械进行微缩：一个激光切割器用以制作二维造型和零件以拼装三维结构、一个标识切割器用以设计柔性电路并刻制图案、一个铣床用以生产精密结构和电路板，以及用来组装电路和对其进行编程的其他工具。

早期在“南端”的孩子们，使用这些工具创制他们用以打电脑游戏的控制装置，他们使用了雪莉在闹钟上使用的同样的传感器。要制作这种电路，得使用“表面贴装”部件，这类部件被焊接到电路板上，而不是在整块电路板上挖来挖去，这使电路板本身变得更小，也更易于制造，不过这对于组装部件的技巧要求更高。我们在推进“数制”工坊实验室的计划中，先教会有兴趣的麻省理工学生制作电路板，再让他们到社区中心给孩子们进行演示。但当我打算让本科生亚蒙·米纳尔（Amon Millner）给孩子们演示时，11 岁的戴利亚·威廉姆斯（Dialia Wiiliams）站了出来，她觉得这个点子很酷，于是把亚蒙推到一边，宣称她要来做这个电路板。

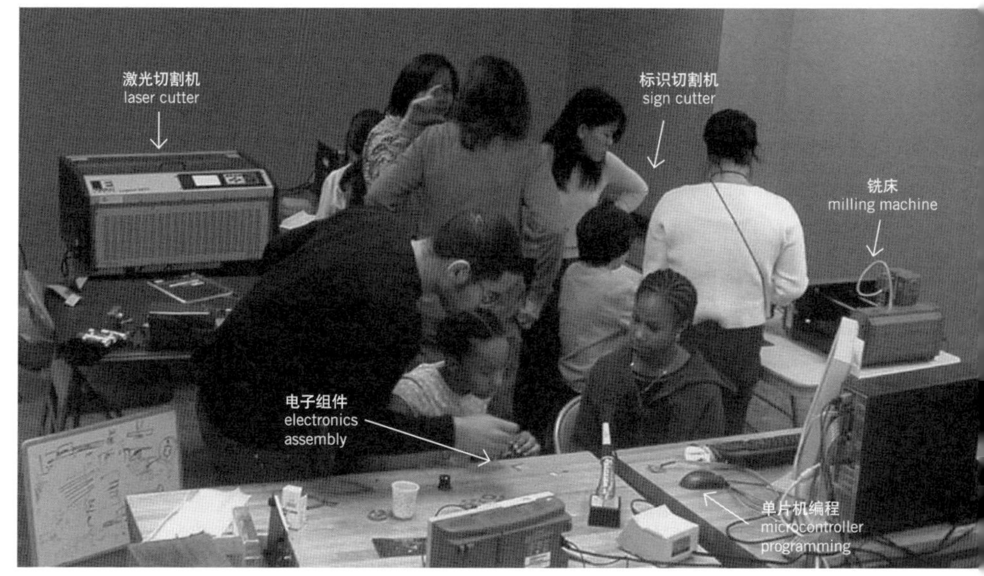

◇ 一间“数制”工坊

戴利亚显得完全失控，零部件满天飞，她不完全明白电路板是如何运行的，她与她的朋友居然将正在用的焊料（solder）误称为“辛香番茄酱”（salsa）。尽管如此，戴利亚仍坚持工作、反复实验，直到把所有零部件都安装到电路板上。当我们打开电源，电路板居然通了，我大概是现场唯一觉得不可思议的人。

如同凯丽在麻省理工，戴利亚的足迹也受到其他女孩追随。对这些姑娘们来说，首先吸引她们的是新奇的工具；其次是利用这些工具进行个人表达的乐趣；最重要的是：自己所做出的实物远比单纯对着电脑屏幕点击程序更令她们着迷。

南端实验室的姑娘们还发现，自己制作产品不仅仅实现了自我价值，还可以进行商业化。她们中有个小组在街角架起“数制”工坊的设备，举办了一个高技术工艺按需订制展销会，一下午赚了一百多美元。对波士顿市的孩子们来说，这也是足以改变他们一生的经历：除了自己的项目以外，他们发现自己还创制了一个最有价值的东西，那就是一份工作。

对关于戴利亚和她的同学们的成就的最佳报道，意外地来自一位不太靠谱的新闻记者。当时，他在报道我同事米奇·雷斯尼克（Mitch Resnick）开设的工作坊，这个工作坊旨在针对生活服务水平低下的社区里的女孩们，鼓励她们开展实验、研究反馈控制系统的应用，并在此过程中培养自己的科学思维。

姑娘们使用的计算“模块”中包含了类似于戴利亚自造的电路。其中一位女孩设计了一个保障日记安全的系统：可以拍下走近她日记本的任何人（比如她弟弟）。她把一个传感器和一台照相机与嵌入式电脑连接，并编写程序来用传感器获得的讯号去控制照相机。那位记者慷慨称赞：“与之前的研究结果截然相反：姑娘们可以做任何东西，甚至科学。”

这个评论当然有些过份，不过结论却不无道理：女孩（和男孩）们慢慢地学会了能够创制万物。理论上来讲，他们的未来确实掌握在自己手中。在他们的个人需求驱使下的项目，与普通工程师的项目不一样，而使用的工具和技巧则大同小异。他们通过驾驭这些涌现的新个人智造的方法，帮助个人表达回归到规模化的大众制造，这是下一章的主题。

◇ 一个保障日记安全的系统

HELLO WORLD
IBM
5MB
FAB

过去

从前，乡村艺术家的作品中融合了教育、工业和艺术。在我上学的时候，像我一样选择上大学的孩子们只能坐在枯燥乏味的教室里，而选择就业的孩子则可以去装备了各种酷炫设备的职业学校——机床、电焊、电子测试仪，等等。那时的差别对我这样的孩子来说隐隐觉得有些痛苦。我不理解为什么制作东西的兴趣被等同于学识不够。直到我成为麻省理工学院的教授，终于才有正当理由去购买那些工具。这时，我才意识到问题早在我高中之前就发生了。全世界的凯丽们、美津们、雪莉们和戴利亚们正在纠正一个可以追溯到文艺复兴时期的历史性错误。

15、16 世纪时，宗教题材的拘谨画风开始让位，画像呈现出丰富的多样性，惊艳的现实主义和亮度。首先是技术的进步，包括油画（最初是佛兰德人（Flemish）以及创作透视图时的所需要的数学技巧的引入。油基涂料干得很慢，这让画笔技法变得更为复杂；颜料的强度可以使涂层更薄，这就能更好地反映光的变化；油漆的黏性改善了绘画在木头和帆布上的覆盖面。与此同时，视觉研究利用几何投影学的知识，解决了将三维场景完美投射到二维平面的问题。这些技法源于艺术家，并为艺术家所运用，比如莱昂纳多·达·芬奇就一直在实验新的油画技法。

如果不是同时代的艺术家们在应用方面的进展和成果，单靠材料的发明和透视的改善，油画也不会产生如此巨大的影响。中世纪画家普遍都是行会的工匠，具有木匠一样的创造力和控制力。一位志向高远的画家的成长途径通常是要先从学徒练成熟练工，再蜕变为大师，最后完成一部杰作而取得进入行会的资格。然而行会的优势却在于市场，他们是非常有效的垄断者，控制着技术熟练画工们的供应和这一行业的标准。艺术创作依据教会起草的具体的使用说明来完成：比如，教会需要的展现特殊场景的祭坛画作。

随着各个工种的日渐细分，各个细分专业慢慢聚集为车间，它们可以生产出日益复杂并功能完备的工艺品（并为日后工厂的出现打下基础），这样，行会体系也开始衰落。创新型人才能够脱离行会，还依赖另外一个发明：艺术消费者。匠人之所以能成为艺术家，是因为艺术消费群体对于艺术品的需求和他们的财务自由。

第一群艺术消费群体以商人家庭为主导：其中最有名的佛罗伦萨美第奇（Medicis）家族，偶尔也包含市政公务员和“启蒙运动”之前的君主，他们通过个人而非教条的机构交易艺术品。米开朗琪罗和莱昂纳多·达·芬奇都始于学徒工，但最终都因个人表达为人称颂，而不是劳动生产率。达·芬奇最终只代表他自己：他不是“达芬奇公司”的首席执行官，也不承担股东受托人的责任，也不负责将品牌的价值最大化（能这样也不错，不然他的遗产将会是一条蒙娜丽莎或路易吉（Luigi）玩具生产线）。

新艺术家所使用的新材料和新绘画技法同样令人耳目一新，他们绘画创作的主题更加意义非凡。这时候，绘画开始表达凡人的世界，而不是神灵或者上帝的。这种对“人”的聚焦，不仅反映了而且塑造了文艺复兴运动的精髓：人文主义（humanism）。文科学生现在学的人文学科，在文艺复兴时期即表现为（特定）人群对他们所处的世界日益增长的征服和驾驭能力的一种表达。

在意大利，人文主义的发展一定程度上源于15世纪人们对古罗马和古希腊建筑遗迹和思想文化的研究，今天我们称之为“逆向工程”。在经历了几个世纪后很多古代的知识和经验都消失了，但是现存的遗迹和文献为再造一个运转良好的古罗马社会（而非衰亡的社会）提供了一个便利的模板。当奥斯曼人在1453年占领君士坦丁堡时，大量希腊学者外逃。他们在意大利避难时随身携带了西方失传已久的文献和知识，使人文主义的发展受益匪浅。

人文主义出现的第二个要素是由于人们对教会的狭隘与权威的反对，但当时宗教在高等教育中仍占有强势地位。虽然人们在表面上还是虔诚信教的，但不断增长的城市商品经济和对公民权利的统治使培养未来领导人成为需要。“人文主义”中的“人”源于“人文科学研究”，指的是从注重神祇到注重凡人的变迁，以及对能反映人的因素的事物（从绘画到教育等）的兴趣的提高。

重温中世纪四学科（几何、算术、天文、音乐）和三学科（语法、逻辑、修辞）的相关课程，人文主义的脉络开始交汇。拉丁语原意是指四岔路口或三岔路口，后者以人们聚集在此分享所谓琐碎的知识而著称。三学科和四学科一起组成七门“人文科学”（Liberal Arts），这两个词也耐人寻味。“Liberal”在这里的意思不是“保守”的反义词，而是指学习这些学科获得的思想解放。而“art”的意思不仅仅是创造性表达，而且是涵盖了对这些领域更加广泛的掌握。人文科学具有掌握解放个人的方式这一振奋人心的内涵。尽管现在的文科研究几乎成为脱离实际的代名词，但在文艺复兴时期，它们是人文主义者获取权力的路径。

1513年，尼可罗·马基雅维利（Niccolò Machiavelli）著述了《君主论》（*The Prince*）这部毁誉参半的统治指南。书中介绍如何用巧言令色来赢得朋友并控制民众。文艺复兴这一社会工程催生了乌托邦的概念，然而并未将其实现。这一术语首先出现在托马斯·摩尔爵士（Sir Thomas More）1516年写的同名书籍中。他的乌托邦思想很大程度上创造了一个人文主义理想国，由理性进行管理并信仰思想的力量。它的出现基于这样一个背景：人们对语言所具有的现实意义的认知日益提高，并以此推论对文学的精通程度应作为当代评判是否有学识的标准。任何文明社会的活跃公民都被期望拥有人文教养。

然而，能够创造想法然后制造产品并不代表有学识，这些能力被归于“非文科”，即为了换取经济利益而学习的技能。随着艺术与工匠的分离，工匠的制造技能被视为简单的机械生产技术。这一人为的分工导致工业革命中非技术工种的出现。

文艺复兴时期的绘画革命一定程度上是由材料进步引发的，而在从手工业到在工业生产这一转变中起主要作用的是钢铁的应用，它受益于蒸汽动力的开发。材料与动力的发展造就了现代机械，最著名的就是机械化纺织机。新的纺织机械生产出的布匹比传统工匠多得多（以英国为例，年产量从1770年的5万件增加到1800年的40万件），可以满足更多人的着装需求（还是以英国为例，1770年有830万人，1821年增长到1 420万人）。刚失业的技术工人聚集在发展中的城市里寻求就业，他们操作的机器不仅代替了就业岗位，还代替了大量工人赖以生存的生产技术。在这一转变中与人们不期而遇的是工厂烧煤所产生的一层层遮天蔽日的黑烟，以及工厂附近携带霍乱、天花、伤寒、麻疹和肺结核等流行疾病人群的蔓延。

人与机器之间的分工在约瑟夫-玛丽·贾夸德(Joseph-Marie Jacquard)发明可编程纺织机后愈发明确了。这种纺织机于 1801 年在巴黎面世,其中引入了一个可以读取穿孔卡片上指令的附件(那些卡片比佛罗里达的选民还要可靠)以选择并控制梭子。梭子里装有各色的线,由纺织机控制拼接出布料上的图案。

由于纺织机本身可以听从指令,就不再需要操作者听从指令工作了。纺织工的任务只是确保纺织机的纺线和卡片充足。在法国里昂,为了生计所迫的纺丝工捣毁了贾夸德的纺织机,发动了武装起义,这是情理之中的事。最终还是纺织机赢了,从此商业化将纺织从一种技术工艺变成一项琐碎的劳动。

工业自动化的问世意味着单个机器可以制造更多东西,同时也意味着原先可以身兼数职的单个工人现在只能从事一项工作。思考如何制造成为专业工程师的工作。为了培训这类工程师,法国于 1794 年成立了巴黎综合理工大学(Ecole Polytechnique)。英国在意识到工程师及其开发的机器设备的战略意义后,曾尝试禁止二者的对外输出但没有成功。

正因为英国艺术与工匠的分离程度最大,其科学进展也受到了影响。19 世纪重要的声学发现都发生在法国和德国,缘于这些国家制造乐器和科学仪器的工坊气氛活跃;而在英国却恰恰相反,手工业已经成为一个贬义词。

从这个时候起,文化素养的意义开始向机器及其设计者和使用者延伸。首先是关于机器的理论。大约在 1812 年,数学家查尔斯·巴贝奇(Charles Babbage)发现可以造一台机器来完成繁重的数学表格计算工作。1823 年他从政府那里得到一笔资助用来研发"差分机"(Difference Engine)。虽然最终他没能成功(巴贝奇同时也是经营不善的先驱),不过差分机却带来一个非常实用的启发:研发解析机。巴贝奇意识到一台改良的蒸汽动力机器能够听从贾夸德的穿孔卡片发出的指令,从而完成任意的数学运算。同时,它也可以通过更换卡片来改变运算,而不用更换机器。到 19 世纪 30 年代中叶,由于资金不足、管理不善等多重因素,加之生产技术又无法满足所需部件的复杂性和耐用性要求,巴贝奇对这台新设备的研发又失败了。

贾夸德的穿孔卡片再现于 1882 年。当时麻省理工学院的讲师赫尔曼·霍尔瑞斯(Herman Hollerith)在美国人口统计局担任统计师,正寻求一种可以加快人工人口统计的办法。他意识到可以将信息以电子形式输入到带孔的卡片上，最终霍尔瑞斯电动制表系统问世，在几个月内就完成 1890 年的人口普查，这项任务如果依靠以往的人工计数器则需要数年时间才能完成。比这项发明更重要的成果是他于 1896 年成立的制表机器公司，1924 年更名为 IBM，即美国国际商用机器公司。

承载信息的穿孔卡片使机器的用途更加灵活多变，但人们对人与机器的认识在观念上并未因此产生任何变化。这个问题直到 1936 年才开始被关注，这一年 24 岁的剑桥研究员阿兰·图灵（Alan Turing）发表了一篇起初令人难懂的论文《论可计算数及其对判定性问题中的应用》（“On Computable Numbers, with an Application to the Entscheidungsproblem”），他着手解决一个当时最引人注目的数学难题，即 1928 年由大卫·希尔伯特（David Hilbert）提出的决策问题：是否可能（至少是原则上）存在一种明确的决策程序来判定一个给定的数学命题是可证明的？这是一个只有像图灵这种被雇来专门证明东西的人才想要解决的问题。他的答案令人相当震惊：没有！图灵在普林斯顿的毕业论文导师阿隆佐·丘奇（Alonzo Church），于 1936 年独立发表了同样的结论，不过普遍认为图灵使用的方法聪明得多，即便是丘奇本人也这么认为。

为了使“程序”的概念清晰，图灵发明了一个抽象的机制，他称之为“LCM”（Logical Computing Machine），即逻辑计算机（其他人都称为“图灵机”）。这个设备用纸带承载指令和数据，以及一个磁头沿着纸带根据固定的规则来读取指令，并打印出新的词条。这种机器可以根据特定程序来测试一段表述文字的对错，却对一些简单的问题束手无策，如得到特定指令后，它不能自行中止。这意味着，人们可能使一个特定问题的解决方案自动化，但无法找到一个自动程序来测试这个方法是否会成功。

这一戏剧性的结论为可知世界设下了一道深刻的界限。在测试数学命题的不可判定性这一无法回答的基本问题面前，表面上稳步向前推进的知识边界停下了脚步。不过，图灵的结论包含了一个更了不起的成就：他证明了图灵机设计的特定细节并不重要，因为任何设计细节都可以仿真其他设计细节，只要让磁头从纸带上读取描述其他设计细节如何工作的一套指令即可。比如，只要用 Mac 语言编写 PC 机的规格说明，一台 Mac 图灵机就可以使用一台 PC 图灵机的纸带。这一洞见，现在被称为“丘奇图灵论题”，是提高机器运行能力的关键。任何一部仿真图灵机的机器都可以解决与其他机器相同的问题，因为图灵机的通用性足以使机器按照其解读的指令运行。以后，这一特性也在类似 DNA 分子、弹跳球等诸多系统中被证实。

自然而然地，图灵的思想演变为建立一个通用计算设施的法则。1946 年他为英国的国家物理实验室（NPL）撰写了《关于自动计算机（ACE）在数学学科中的发展建议》（“Proposal for Development in the Mathematics Division of an Automatic Computing Engine (ACE)”）一文。事实证明，图灵与巴贝奇一样更精于设计机器而不是制造机器，然而他所设计的机器后来的确被后继者制造出来了。这个故事随后被传诵到大洋彼岸，受巴贝奇数学表格的启发，美国陆军出资建造了一个全电子化的设备，通过安装真空管来计算大炮射程数据表。1946 年电子数字积分计算机（ENIAC）在宾夕法尼亚大学问世。然而最初它计算的并非射程数据表，而是更为机密、有争议的数据：洛斯阿拉莫斯（Los Alamos）洛杉矶实验室为发射核弹建立的数据模型。计算是由约翰·冯·诺依曼（John von Neumann）完成的，而 ENIAC 最大的功劳大概就是让他对计算机产生了兴趣。

冯·诺依曼是 20 世纪最聪明的几个人之一，熟悉他的人可能会说他就是最聪明的人。他是普林斯顿的数学奇才，在普林斯顿与图灵交相辉映；他还是个有影响的政府顾问。冯·诺依曼是在一个偶然的场合听说了 ENIAC，随即意识到 ENIAC 能够做的远远不止计算射程，于是他便扎根宾夕法尼亚大学进行研究。毕竟，ENIAC 是世界上第一台通用可编程数字电子计算机。

ENIAC 也是一台相当笨拙的通用可编程数字电子计算机。它体重 30 吨，而为达到其最大运算速度重新布线编程插接板就要花费数日。说它可编程有点勉强，不过，冯·诺依曼在这台计算机上获取的经验促使他向陆军军械署建议建造电子离散变量计算机（EDVAC）。1946 年他在一个备忘录里详述了这一想法，即“关于电子计算工具逻辑设计的初步讨论”。他创造性地提出数据和程序都应当实现电子化储存，这样计算机的功能可以与其数据同速变化。事实证明他比巴贝奇和图灵都更善于管理。1952 年，EDVAC 完工（不过世界上首批可储存程序的计算机早在 1949 年就在曼彻斯特和剑桥的大学开始运行了）。

在发明现代计算机后，冯·诺依曼开始考虑，如果计算机可以像控制其内部数据一样灵活控制其外部物理世界，那结果将会是什么样子？他构想了一部“万能构造器”，具有一个类似图灵机中的可移动头，它不仅可以在材料上做标记，还能切实地移动材料。由于这一设施超越了当时不太令人满意的计算机的能力，他开始在一个名为“元胞自动机”（cellular automata）的模型环境里进行研究。这个模型类似于一个巨大的国际象棋盘，内含对弈者加入、行棋和吃棋方法的本地规则。利用这一模型，冯·诺依曼证明了万能构造器和通用计算机结合起来会产生非同寻常的特性：自我复制。计算机可以控制构造器复制出新的计算机和构造器，甚至复制程序。这个想法听起来很像生命的本质，这也是冯·诺依曼后半生致力研究的问题。我将在“未来”一章讨论数字化自我复制的深刻意义。

当冯·诺依曼思考把通用计算机连接到机器上制造会产生何种后果，麻省理工学院已经研制出第一台通用可编程智机。麻省理工学院的伺服机构实验室（Servomechanism Laboratory）从 1945 年起开发旋风计算机，并于 1951 年面世。为了运行飞机模拟器，旋风计算机需要对输入的数据做出实时反应，而不是简单地执行批量作业的程序。为了实现瞬时输出功能，旋风计算机引入了显示屏。但是，如果电脑能够控制一个屏幕，那就意味着它也可能实时控制其他东西。应空军的要求，1952 年旋风计算机连接了一台工业铣床。飞机的机械部分变得日益复杂，其难度不是大多数熟练机械师所能企及的。利用旋风计算机控制铣床，塑形只受限于程序的表现力，而不需要受限于人的手工熟练程度。巴贝奇时代的机器造不出计算机，不过最终计算机却能够制造机器了。这又提出了一个新问题：设计师如何指挥计算机制造机器?

答案是开发一种新的程序语言，通过数字控制机械来实现我们所熟知的计算机辅助制造（CAM）。第一代数控（NC）程序叫自动编程工具（Automatic Programmed Tools，APT），1955 年在旋风计算机上运行，1958 年通过 IBM 的 704 电脑面世。它有点像图灵机的理论构架，可以详述如何沿着抽象的纸带移动读、写磁头，不过在这里磁头是真实的，可以三维移动，还接有一个旋转切割工具。APT 目前仍在使用，它也是最古老的现行计算机语言之一。

PT 采用的是以机器为中心的表达方式：它描述的是操作铣床的步骤，而不是设计师想要的结果。真正的计算机辅助设计端来自于麻省理工学院的下一代主流计算机 TX-0 和 TX-2。这些计算测试平台用的是晶体管而非真空管，配有一支很炫的“光笔”，使操作者可以直接在显示屏上绘图。1960 年，克劳德·香农（Claude Shannon，为数字通信系统奠基的信息理论创建者）指导的学生伊万·萨瑟兰（Ivan Sutherland）用 TX-2 和光笔创造了影响深远的“草图”程序。设计者用草图程序可以草拟图形，计算机则将其转化为精确的几何图形。这是第一个计算机辅助设计程序，也是最富有表现力的程序之一。

TX-2 衍生出数字设备公司的程序数据处理机（PDP）系列计算机，主要瞄向工作团队而非整个组织。它将计算机的成本从百万美元降到十万美元，后又降到一万美元，为真正的个人计算和 PC 机的出现奠定了基础。当时计算机个人化的成果是历史性的，但也是有局限性的。

个人电脑体现了几个世纪的发明创造。现在个人电脑使消费者可以用浏览器从全球各地购买绝大多数商品，但是网购的前提是某个地方有某些人生产并出售这些有需求的商品。技术可能会更新，但是为市场进行规模生产的经济模型可以回溯到工业革命的起源。

人们看不见电子商务网站背后运行工业流程的计算机。将这些计算机与客户连接，就产生了斯坦·戴维斯（Stan Davis）所谓的“规模定制”（mass customization）。比如，使生产线根据某人的确切尺寸裁剪服装，或者根据一套特定的要求组装轿车。不过，这些都只是在预设的方式下做出的选择，制造的机器其表现力绝对体现在生产端而非客户端。我们所说的文化水平，并未在文艺复兴以来围绕表达方式发展，甚至已经逐渐退化为文字读写能力这一最基本的含义了。人们依然对文科与非文科的历史性分离熟视无睹，认为学习制造的唯一理由只是纯粹的艺术追求，或是为了世俗的商业目的，并未意识到它是个人解放的基本需求。

在过去的几个世纪里，人们经历了表达、消费和计算的个性化。现在思考一下，如果电脑以外的物理世界与电脑以内的数字世界具备同样的延展性会发生什么？如果普通人不仅能使计算的内容个性化，还能使其物理形态个性化，那将会发生什么？如果技术被用户开发并为用户开发，从而更好地反映用户的需求与愿望，使规模定制去规模化并成为个性定制，又会发生什么？如果全球化被本土化替代又会发生什么？

其结果将是一次涵盖而非替代之前所有革命的革命。工业生产将与个人表达相融合，个人表达将与数字设计相融合，使常识和感性体现于先进技术的创造和应用之中。如同历史经验告诉我们的，民主制比君主制更有效一样，这将是一个基于普及发明方式的未来，而不是一个基于技术官僚的未来。

这一切终将发生。我可以坚定地这么讲是因为这是我最偏爱的预言，一个关于今天的预言。今天，所有个性化制造的技术都还在实验室阶段，不过它们已经在实验室以外的非同寻常却非常真实的用户社区中出现。关于这些技术和这些人的故事，是本书后面的主题。

硬件

如果说通用编程组装机这一概念是人类发明史上的一个巅峰，那么今天所生产使用的工程软件则还处于很低的水平。这种令人遗憾的状况为无辜的个人智造者们设下了一个难以逾越的障碍。然而，参照快速制造硬件原型机的方法，软件可以根据人而非机器的需求来开发。

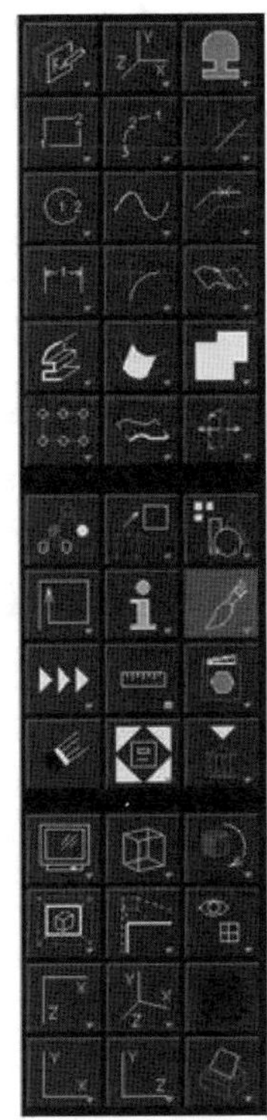

伊万·萨瑟兰（Ivan Sutherland）原创的画板程序所表现的"直观绘图法"已经被有"用户界面"的高级工程软件所取代。很多术语被用来描述电脑的外形以及对用户操作的反应，这一事实说明了一个问题：人和打印机一样，是一种电脑外部设备，需要一个匹配的通信界面。工程软件常常不易使用，因为程序是工程师编写的，也是为工程师服务的。工程师就是靠使用软件而谋生的人。右面就是一个高端计算机辅助设计软件在屏幕上显示出的控件。

人们看到这个屏幕的第一反应往往是："嗯，这怎么用？"在积累了丰富的使用经验后，人们的反应依然是："嗯，这怎么用？"由此可见，软件的设计一点也不直观。当然它很强大，这一程序能够用来设计大型喷气式客机、跟踪其中所有部件的关系、模拟它们如何装配在一起、测试它们对负荷的反应、控制制造它们的机器以及订购需要的材料，但是"使用方便"和"设计大型喷气式客机"并非匹配的概念。

大多数高端计算机辅助设计软件价格昂贵而且设计复杂。在一个大软件中，每个功能的实现都需要一个或几个操作模式，也需要运行不同的程序。一个模式被用来设计单独的部件，一个模式进行组装，一个模式表达外形，还有一个模式描述如何制造。要在这些模式中进行切换，会妨碍工作思路的形成，使发明只能退守僵化的流程。如果你想组装修正模式并计划改善其中某个零件，就得一步步切换回修正该零件所需的模式才行。

这就产生了经济成本的问题。以前购买这些程序是为了运行价格百万美元的计算机，用以控制同样昂贵的机器。就像 1 000 美元的 PC 机使用 100 美元的软件一样，百万美元的大型计算机需要价值数十万美元的软件。既然程序这么昂贵，就不太可能这么轻易地去运行它们。于是，一台配置为证书服务器的计算机必须许可软件的使用，或者在计算机上安装一个可怕的名为"加密狗"的软件来授权软件的使用。如果证书未被正确配置，试图运行软件就会产生如下错误提示信息：

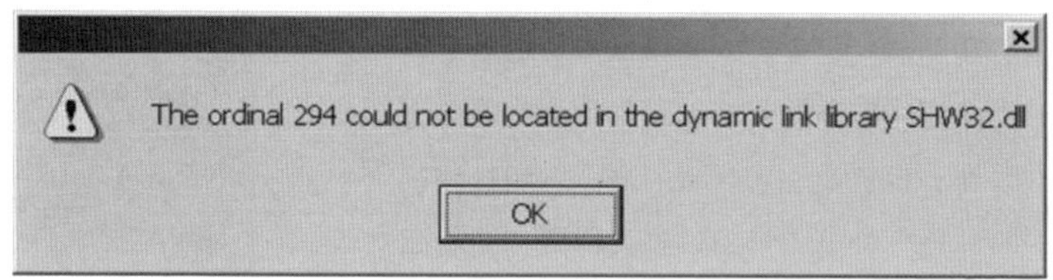

不，这样不行。

一旦熬过这一严峻考验并着手设计东西，真正在程序之间传输文件的乐趣就开始了。CAD 程序输出的内容进入 CAM 程序，CAM 程序把设计解读成特定生产设备能够理解的指令。下面这个例子，就是用"Hello World"进行的实验结果，我们将在本书后几章再次看到它。

无助地盯着一堆乱码的感觉令人郁闷却毫不陌生，只要同时运行多于一个程序时就会出现这种情况。

这个（H-11 W il 1）以一种最为普遍的工程格式保存，即图形交换文件（Drawing Interchange Format），方便起见它被简称为 DXF。以最简单的任务工程文件格式为例，要确定一个点的坐标——*X*、*Y* 和 *Z*。在 DXF 文件里，可以找到正确的代码以确定这一点。

```
|------------|------------------------------------------------|
| 10         | Primary X coordinate (start point of a Line or |
|            | Text entity, center of a Circle, etc.)          |
|------------|------------------------------------------------|
```

主要的 X 坐标（一条线的起点或文本对象，一个圆的圆心，等等）

当然，如果那不匹配，还有 8 种其他 X 坐标：

```
|------------|------------------------------------------------|
| 11-18      | Other X coordinates                            |
|------------|------------------------------------------------|
```

其他坐标

鉴于当前证据支持我们生活在一个三维宇宙中的信念，对一般人而言一种 *X* 坐标就足矣，除非你是理论粒子物理学家。也就是说，如果这里的 *X* 坐标不仅仅是一个常规的 *X* 坐标，而是一个具有“扩展实体”的坐标，这种情况下就要使用一个不同的代码：

```
|------------|------------------------------------------------|
| 1010,      | Extended entity data X, Y, and Z coordinates   |
| 1020,      |                                                |
| 1030       |                                                |
|------------|------------------------------------------------|
```

扩展实体数据 X，Y 和 Z 坐标

如果知道自己的“实体”何时可以扩展的话（我还不知道），那将是有价值的特性。

当然，“自然空间”中的扩展实体有其独特的 *X* 坐标：

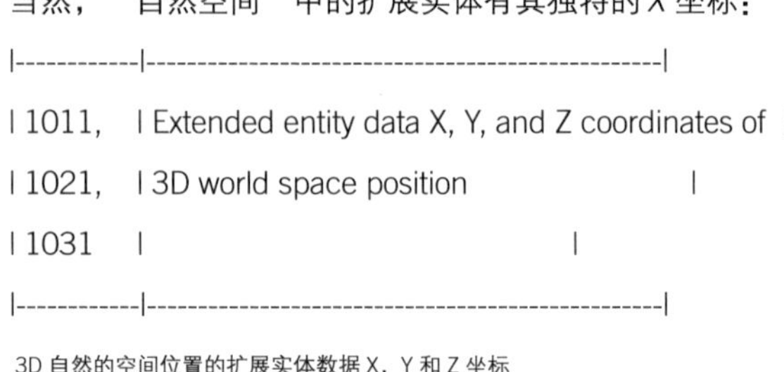

```
|------------|-----------------------------------------------|
| 1011,  | Extended entity data X, Y, and Z coordinates of |
| 1021,  | 3D world space position                  |
| 1031   |                                       |
|------------|-----------------------------------------------|
```

3D 自然的空间位置的扩展实体数据 X，Y 和 Z 坐标

如果我们发现外星生命的存在，并且可以和外星世界保持联系，这也会是一个方便的特性。

将所有这些代码汇总起来，有 20 种不同方法将一个 X 坐标写入 DXF 文件来描述要做的形状。绘图程序如果在产生文档时使用了错误的坐标，那会是产生不可预估的后果。

文档格式方面的错误会导致非常严重的后果。1999 年，价值 1.25 亿美元的火星气候探测器就是因为一个文档格式不兼容失踪了。这项任务由两个团队分别控制，一个是科罗拉多的宇宙飞船团队，另一个是加利福尼亚的导航团队。在最初 4 个多月的飞行中，文档的格式错误使他们无法交换带有关键控制系统命令的文档，于是两个团队通过邮件交换指令。经过修复，计算机终于可以在他们之间传送命令文件并且直接上传到宇宙飞船。他们认为这个系统比邮件更可靠，原因是没有人为的干预。然而问题出在宇宙飞船和加利福尼亚团队使用的是公制单位，而科罗拉多团队使用的却是英制单位。这一残酷的信息误差在文档格式中未被发现。宇宙飞船顺从地执行了指令，离它的运行轨道渐行渐远，最终消失在太空中。

这些文档格式的问题反映出一个随意的大错特错的假设：计算机负责计算，而机器只能执行任务。这些对事物的易于出错的描述并非真正的语言，不包含有关理解描述的指令；它们只不过是加密的清单而已，只能通过一些高级协议进行诠释。在“未来”这章，我们将审视另一种可能性，即在工具中嵌入智慧。今天我们的工具并不能思考，其智能必须依托控制它们的 CAM 软件。为实现上述目标，CAM 程序必须像熟练技工一样掌握正确操作机器的全部知识。总体上看，这项研究的进展与其他人工智能发展一样成功或不成功。CAM 程序糟糕得像国税局的审计员心情不好的时侯编写的，要求使用者填写无数的表格：

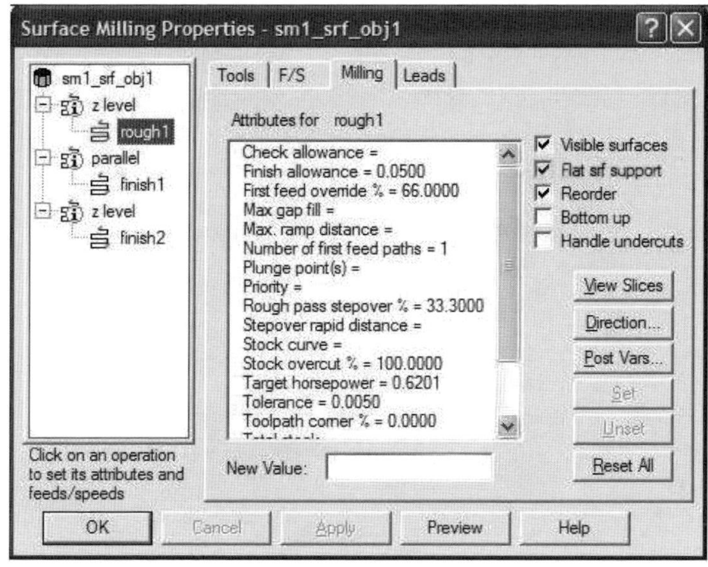

并做一些明显与用户内心期望南辕北辙的事。

我在印度农村创办初期的“数制”工坊时才终于搞清了这一情况的问题所在。我们送过去一些商业工程软件，并花费人力进行安装、调试和培训。这时，当地主人（卡尔波，详见“理解” 章）询问，是否可以给更多的村庄使用这些软件。正当我想联系经销商洽谈印度农村 10 亿用户的使用许可时，我突然意识到可能不应该这么想这件事。

对于那 10 亿用户而言，个人智造的前景在于“开源”硬件。这意味着他们可以通过分享项目文档协同解决问题，比如开发一台改良的农机具，或者一个卫生保健传感器。不过，如果需要对工程软件进行 10 亿次的安装许可，这种协同开发就不可能实现。成本是一回事，在物流操作中也行不通。支撑软件必须和设计说明一致。

既然没有开发者针对农村地区开发精密制造的软件，我就开始编写实用的 CAM 工具，为普通人而非机器服务。我的第一次顿悟是，如果不受大型机的束缚，这会是多么容易做到的事情。只要软件原型的快速编制不再遵循大型机的生产模式，为硬件的快速原型机制造配套软件的快速原型编制的方案是可行的。第二次顿悟随之而来，不需要针对每种机器开发专门的应用程序，因为一个简单的 CAM 工具就能与所有机器对话。

比如相同的电路可以打磨进一块刚性电路板、由标识切割器从一块柔韧的基片上割下来或由激光器烧制入一个导电膜。以下就是使用万能 CAM 程序的结果。在“减材制造”一章中，凯尔贝格开发的程序实现了“你好，世界”范例中的刀具轨迹。

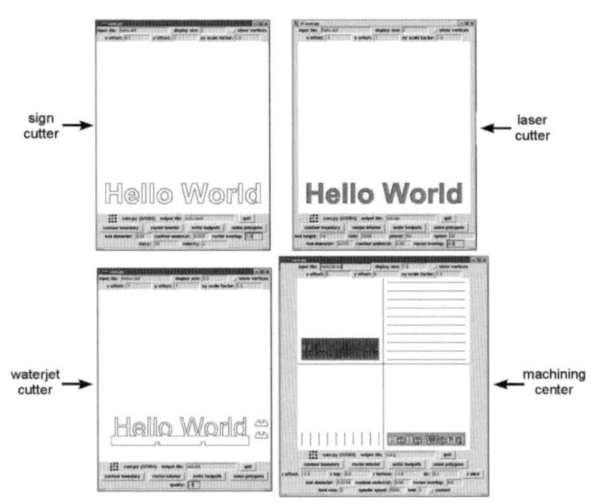

最令人吃惊的是，与麻省理工学院使用的那些“真正的”程序软件相比，我们更喜欢印度农村使用的这种。当然，我承认用几个月的时间所攒的程序远远不能满足校园里的高级智造需求，因为它还需要软件工程师团队经年累月的努力。不过回到麻省理工学院后，我在许可、安装和培训使用工程软件上花费的时间比在印度农村时多得多，费尽心思将每一个设计方法与每一种制造方式匹配起来。雕刻画、布线电路、塑料设计、原子束写字这些任务使用的软件都不尽相同。与其为每一次结合获取一个新的程序，不如向单个共享的 CAM 工具增加一种新的输入描述或输出进程来得快捷。其实是“数制”工坊在教我们如何工作，这与我们的预期恰恰相反。

这个故事中深刻的一面是，一款通用 CAM 工具是一个“种系特征性发育”（phylotypic）瓶颈，这是一个最早出现在发育生物学（developmental biology）中的概念。即有很多种卵，也有很多种动物，但是在一群相关动物（一门）中的胚胎种类却少得多。不管这是怎么发生的，一个卵的任务是组合出一套相对标准的生物元件，用来创造品种繁多的生物体，降低进化改良的门槛。这一过程的核心是同源基因，它是胚胎发育时控制身体的哪一部分长在哪里的主要基因开关。任何一个生物体都有可能采取更为优化的方式成长，不过总体上发展机制的一再重塑对物种的生存能力是不利的。互联网也有类似情况，有很多种网，也有很多种应用，不过它们都得通过网际协议（详见“通信”一章）。同样，对于任何一款可能比网际协议更好的应用而言，采用不兼容标准而引起的反对声可能让大家都事与愿违。有了网际协议，新的网络和新的应用与之前的算法对接，而不必推倒重来。

CAM 工具从印度农村向麻省理工学院的成功演化告诉我们，在智造中有些情况与以上想法很类似。存在许多设计东西的方法，也有很多制造方式。如果满足了将各类设计工具与制造工具连接起来这一短期需求，从长期来看，就可以使人们的工作流程从某个特定机器对应特定软件的束缚中解放出来。这样，就能专注于学习如何将各个机器看成一个整体来解决问题，而不是以特殊方式分别应用它们。可视工程软件为一个机会而非一个障碍。当一名非工程师可以驾驭工程软件时，它就能进入“数制”工坊、智造课堂，写进关于智造的书中，从而使几乎所有人都可以学习如何制造几乎万物。

EXPRESS
FAB
BAR
FAB LAB

现在

过去，艺术与工匠分离，大规模生产将个人从生产者变为消费者；将来，会出现通用的自我复制的智机；现在，大多数人都可以创制几乎万物。

本章是全书的核心，包含两个内容：一是介绍谁在制造什么；二是解释他们如何制造，为什么制造。每个故事由两节组成，第一部分介绍工具；另外一部分展示应用。

工具指南根据描述水平渐次推进，从创造物理形态到逻辑功能编程，再到通信和交互。与此同时，相关应用也五花八门：从世界上最贫困的地方（印度农村）到最富足的地方（曼哈顿市中心）；从最寒冷的地方（深入北极圈以内）到最炎热的地方（加纳的村庄）；从反映人类最基本的需求（创造就业）到最高级的需求（艺术创造）；从奇思妙想的发明制造到人类生存的必需品。这些故事通过介绍从事这项工作的先驱们展开，他们中的每一个人都觉得自己为开发的新兴个人智造应用是最重要的，每一个实例也确实如此。

本章的每一个小节都可以当作一本商业书籍来阅读，从中可以洞察新兴市场的趋势。也可以将这些章节看作政策文件，供全球各地的实验室从中参考受益。同时，还可以把本章节当作一本技术手册来看，开发当前设备可以实现的能力。这些章节刻画了一群遍布世界各地的卓越人才，也刻画了相关技术领域的研究前沿。希望接下来的内容可以实现所有这些目标，为进一步实践提供充足的背景资料。

本章内容着实反映了现实的情况。这里描绘的人、项目和过程是今天所能实现的一切可能性的缩影。他们就像是移动中的靶子，即便相关领域中现在作出的努力最终未能实现，最终成果的细节也将与设想的会很不一样。但是，人类成长的方式和自然界的发展法则还是不会改变。这里所展现的人类基本需求和机器的运行机制是永恒的，可以在未来很长一段时间内被参考。

在这几节里，我回顾了很多使用工具，可能很少有读者有机会亲自接触到它们。我介绍这些工具的原因，是因为事态的发展比技术发展更迅速。渐渐地，这些技术推广的最大障碍将不再是成本，也不是培训和研究，而在于人们是否能够认识到技术已达到的水平。因此就有了本章对当前发展的浏览历程中，汇聚过去与未来。

飞鸟与自行车

艾琳（Irene）

艾琳·佩坡伯格（Irene Pepperberg）是一位跨物种信息技术领域的先驱。艾琳曾经结论性地判断出当鹦鹉波莉要一块饼干时是真的希望吃它。艾琳发现，非洲灰鹦鹉具备5~6岁孩童的认知能力，可以学会几百个单词并理解名词、形容词和有限的几个动词，甚至可以进行抽象推理。这与大猩猩和海豚的能力相当，也超过了猴子的水平。

一位名叫本·莱斯尼尔（Ben Resner）的与艾琳共事的学生上了我的“如何创制几乎万物”课程。他的学期项目是为鹦鹉开发一个电脑界面，并将其称为“宠物互联网”。他观察到鹦鹉是社会性动物，如果独自留在家里会变得十分疯狂。受此启发，本对鹦鹉进行了广泛试验，开发出一个可以用喙（我很犹豫是否该把喙叫作鼠标）控制的电脑界面。这个界面装有一些供鸟推拉的快捷键，使鹦鹉可以选择自己最喜欢的项目。鸟可以用这一系统与艾琳进行视频对话、与其他动物进行视频交流、听歌，甚至使用一种专门为它们编写的绘画程序。

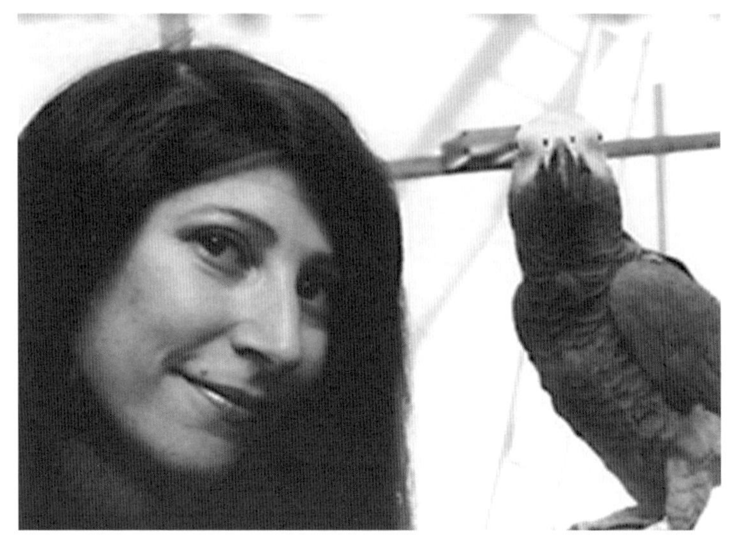

◇ 艾琳和阿莱克斯，一位明星学员

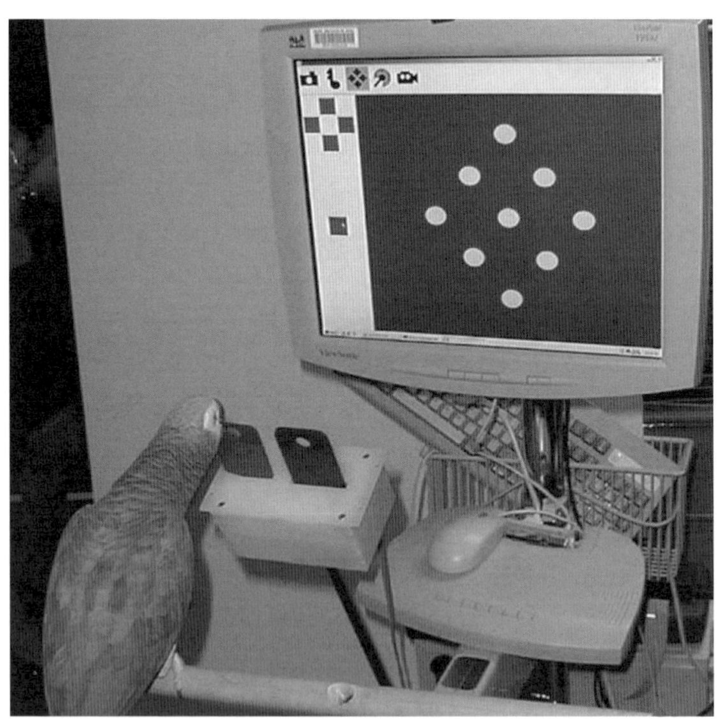

本使用激光切割机制造宠物互联网的部件。激光切割机类似激光打印机，不过它的激光强大到不仅可以在材料上打印图案，还能把图案嵌刻上去，或者把材料镂空。激光切割机可以非常精地确切割部件，并使零件紧密镶嵌在一起，因此其切割的板材能够快速组装成类似宠物互联网的三维结构。本测试了很多鹦鹉控制器的方案，直到他最终确定一款适合鹦鹉使用的控制器。

鹦鹉们很喜爱这玩意儿。毕竟，作为一种聪明的社会性动物，它们的社交需求非常真实却常常得不到满足。作为一个群体，他们被信息技术忽略了。然而令人扫兴的是，麻省理工学院的研究赞助商却觉得这一产品听上去毫无意义，他们只有认真考虑眼下的市场才会理解其价值。手机和笔记本电脑的生产商已经把产品卖给大街上可以找到的每一个两条腿的生物，这些公司拼命劝说现有客户购买升级换代的新产品，并与其他厂商争夺新客户。在每一小块市场份额的争夺中，企业之间盛衰长消。与此同时，宠物市场每年拥有数十亿美元的价值，但现在市面上除了宠物食品和毛绒玩具之外没什么可买。有哪位宠物主人不希望在午餐时问候一下他们的宠物？有哪只居家宠物不想跟他们的主人一样在家玩游戏、看视频、与朋友社交？与凯丽的尖叫背包一样，本和艾琳的个人智造产品比现有市场上的非个性化产品更有可能吸引人（和动物）的注意。

索尔（Saul）

索尔·格里菲斯（Saul Griffith）是麻省理工学院来自澳大利亚的本科生。他与大多数本科生不同，他有把自己融入实验的嗜好。当其他人在地上放风筝的时候，他喜欢放能承受比自己体重还高，并把他一并带上天的风筝。当然，风筝落地时他也回到地面，不过落地的速度可能要比设想的快一些，因为他在飞翔的同时还要带动风筝。

索尔对极限运动的偏好和口味，也延伸到选择使用的工具上，很快，他就成为我们水射流切割机的粉丝。这台机器有点像打了兴奋剂的激光切割机。它不用光来蚀刻或切割，而是发射出包含有磨料颗粒的超音速水流。水流的速度很快，可以处理激光无法降服的材料，比如厚金属板、玻璃或者石头。

索尔想用水射流切割机制造一款可以载他上天入地的机器。于是他开始开发一个系列流程来“打印”他的自行车。水射流切割机与激光切割机一样，工作起来类似打印机，只不过还有雕刻、切割和绘画的功能。与打印机一样，用水射流切割机制造不同东西的速度与用它反复制造一种东西的速度一样快。索尔将激光切割机和水射流切割机称作“大规模制造工具”，他热衷于满世界寻求这些工具的应用。

与本的鹦鹉实验一样，索尔很快就测试了很多不同的自行车设计，他自己就是测试的对象。最终，他决定用一种坚固而透明的聚碳酸酯塑料（polycarbonate），而不是仅仅切割传统自行车上的管子，来组装自行车的架子，然后将传统的自行车组件安装到架子上。

索尔的实验此后成为一门专门由学生管理和教授的课程。每一个上这门课的同学都会设计、组装定制自行车。制作过程是从一块块（聚碳酸酯）透明板起步，而不是直接切割自行车使用的钢管。因此，学生们很快就开始对自行车的形状以及功能进行个性化的创造，提出了十分有表现力的设计。其中我最喜欢的作品是形似莫奈的睡美人的自行车。这些自行车出现在剑桥附近，既是一款时尚产品，又是一种交通工具。骑自行车的学生们行动便利，只是不可避免地会被问及这么酷的自行车是在哪里买的。

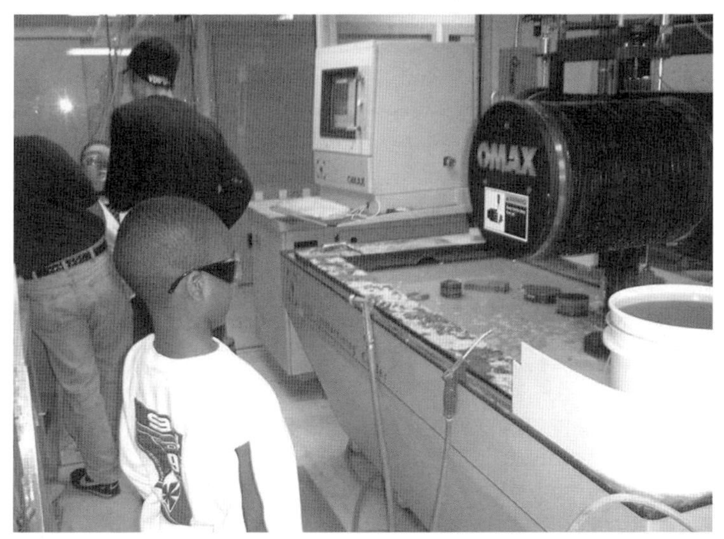

◇ 造一辆自行车

◇ 个性化交通工具

艾伦（Alan）

许多人在看到这些自行车之后便迷上了快速原型制作，艾伦·阿尔达（Alan Alda）就是其中之一。他是一位密切关注新兴技术的学生，定期到麻省理工学院“猎新”。在一次关于个人智造的访问中，我们向他展示了索尔的自行车。一看到那辆车他就迫不及待地跳上去试骑，一溜烟就没了踪影。回来后，他对其赞不绝口。他想到只要家里有一台水射流切割机，就可以通过电子邮件接收自行车的设计文件并用机器造出一辆出来。事实上，索尔和他在悉尼的姐姐已经这么做了。

意识到与其空谈不如动手实干，艾伦马上结束了这次访问。他希望实现一个自己从未付诸行动的创意：闪光潜望镜。照片上恶魔般的红眼睛是闪光灯摄影的污点，是由眼睛反射照相机的闪光形成的。艾伦推测如果把闪光的位置提高，直接反射的光线就不会对着照相机镜头。对于过去闪光灯与照相机分离的情况，这个想法很容易实现。不过，如果使

◇ 有闪光潜望镜的测试照片

◇ 使用闪光潜望镜的测试照片（骄傲的发明者）

用集闪光灯和照相于一体的机器该怎么办呢？艾伦提议专门设计一个可以解决闪光问题的特殊潜望镜。

我们马上坐到一台激光切割机旁，开始设计草图并将其转变成套件以组装一个可以安装到照相机上的潜望镜。先用未安装潜望镜的照相机拍一张“红眼”的照片，然后装上潜望镜再照一张。对比效果：还没起作用！在仔细检查照片后，我们发现照相机的闪光灯反射角度太低了。回到激光切割机旁修改设计，使其有可调节的镜面角度，这次的效果堪称完美。

格雷丝（Grace）和伊莱（Eli）

前面那张带红眼的照片里的人物是我最喜欢的两位实验室使用者中的一位：我的儿子伊莱（Eli）。他从五岁起就和他的双胞胎姐姐格雷丝来麻省理工学院跟我一起做东西。拍照时他们正在实验室里向艾伦·阿尔达展示他们的作品。

在实验室中，格雷丝和伊莱负责设计出他们想做的东西的草图，而我的工作就是为这些设计找到合适的实验室工具。他们最喜欢激光切割机，因为它速度快，能够满足这些热切但没有足够耐心的设计师们的要求。伊莱的处女作是为自己最喜欢取名为“熊熊”的毛绒玩具制作的。伊莱认为它需要一把用来休息的椅子。而格雷丝挚爱的玩具娃娃彻丽（Cherry），则缺少一个摇篮。他们花了一个下午的时间创造出这两样东西：首先使用激光切割机完成各部件组装，再打磨调整直到可以满足伊莱、格雷丝、熊熊和彻丽的要求。

在那一段时间里，这些项目让“去麻省理工学院”变成了孩子们的口头禅。每当他们想到制作什么东西时就会念到。当伊莱想要一个能任意沉没的海盗船时，或者格雷丝想要为玩具增加一些部件时，解决方案就是“去麻省理工学院”。我并不限制他们在玩具店的橱柜上寻找玩具的自由，如果说有什么东西能够限制他们的自由，那一定是他们自身的想象力。

有时他们的发明可能会迷失方向，比如不清楚什么是切实可行的（我们花了不少时间讨论造一匹马的可能方法），甚至什么是违反自然定律的（我们在创建一所没有重力的房子方面收效甚微）。不过，他们在成长、在思考如何为自己做一些物品，而不是等待他人满足自己的需求。他们的信念告诉我，从世界上所有不能来麻省理工学院的人的角度出发，大型建造工具拥有巨大的需求和极高的发展潜力。

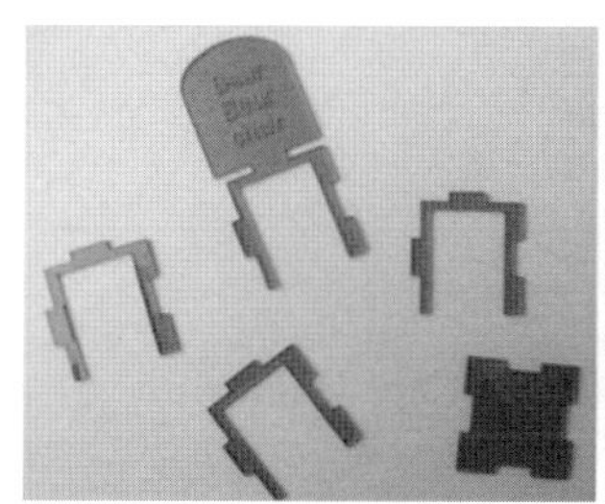

◇ 熊熊的椅子

◇ 彻丽的摇篮

减材制造

电脑控制的切割工具可以快速完成实物制造，这令人兴奋不已，虽然价格未必便宜。与烹饪晚餐和管理企业一样，舍弃一些不必要的部分往往比从零开始要来得快且便捷。关于工具的第一个章节将介绍减材加工的切割工具，之后一章则会介绍增材打印工具。

任何设施齐全的学校都配备一个关键工具：剪刀。与之相对应的计算机控制设备就是所谓的电脑切割机，也就是把刀具安装在一个可移动的机器手臂上。这台机器的工作就是切割出字母图样。如同保育学校里的剪刀一样，它们也可以切割很多种材料，而不仅仅局限于聚氯乙烯。比如，他们能够在铜箔纸板上切割出“你好，世界”的英文“Hello World”的字样：

切完之后，我们可以将这些字母从铜箔背面的双面胶纸上揭下来：

然后，再将其应用到其他材料上：

最常用的图像切割耗材是聚氯乙烯。不过，如果使用铜箔作材料的话，可以快速制作柔性电路板、天线以及芯片间的连接回路。用硬纸板则可以切割出能折叠的“Hello World”的立体字样。

电脑切割机比较便宜，也容易上手，不过其用途局限在刀片能够切割的材料上。如不考虑资金问题的话，还可以配备更高级的减材加工工具，比如高能激光切割机、水射流切割机、回转刀具、原子束、瓦斯喷火枪，等等。这些工具几乎可以切割一切材料，其中最受使用者欢迎的，就是前一章提到的激光切割机。

激光是光束强化后的产物。只需要一点光，激光装置就可以将其转换成强力光束，集中投射到一点。把如此大的能量集中到一点，激光可以烧蚀、熔化、蒸发任何触及的材料。此外，由于工具是光束，可以利用它进行快速作业，而且切口也能像聚焦的光束那样非常微小。

最常用的激光切割机使用二氧化碳作为扩大辐射的介质。电磁波信号穿过管里的气体，产生激发效应，一个光子激发分子产生第二个光子，如此往复地激发辐射出更多光子，将电磁波信号携带的能量有效转化为高密度的光束。在二氧化碳中，光的波长超出了肉眼可见的范围，因此只有在光束照到材料上才能看到其痕迹。

激光切割机发射的激光一般能产生 100 瓦的光线，这是 100 瓦的电灯所无法比拟的，因为电灯的能量大部分都转化为热能而非光能，而且光线四处散发，不会像激光那样集中成一束。100 瓦的激光足以切割塑料、木头、纸板等软性材料，但对于金属、石材等硬度高的材料来说，这些能量还不够。要切割这些硬质材料，得使用更加强大且价格昂贵的工业级激光设备，或者使用其他种类的切割机，比如后面会介绍的水射流切割机。另外，激光切割机在处理可能释放有害气体的材料时并不安全，如水管常用的 PVC 塑料若用激光切割就会释放出氯气。

能量低的激光切割机可以在材料上留下标记或进行热处理。当位于波士顿的南端实验室（下一章详述）首次安装激光切割机时，它被用作计算机控制的个性化面包机，将字模刻在烤面包片上。

高能激光切割机广泛地用作切断材料的制造工具，而不是饰品制作工具。下面这张照片是透过防护玻璃拍摄的，里面的机器正在切割一块塑料。烧蚀塑料时产生的亮点是激光能量瞄准位置的唯一指示：

这次激光仍在切割“Hello World”，不过多了底座和支脚。

将字模和支脚组装起来后，字模就可以立住了。

摆好切割组装完成的字模，不禁赞叹激光切割机的威力。在短短几秒钟内，它就切出了字模的凹槽和支脚，把二维的塑料材料变成一个三维立体的物件。

用于切割“Hello World”字模的激光点只有 0.010 英寸（约 0.254 毫米或 10 密耳）。光点每秒钟跳动数千次，每次跳动都烧蚀些许材料，随着激光镜面的运动完成连续切割。镜面的精度设置高于 0.001 英寸，即 1 密耳。这个精度对于不用固件或黏合剂连接的部件来讲是必要的。如果部件之间的距离大于这个精度，就很难稳固地组装在一起；如果间距过小，则完全组装不起来。这种压配组装在工业应用领域越来越重要，无论是制作玩具还是制造飞机。这是由于这种方法比使用螺丝或黏合剂都更便捷实惠，而且拆卸起来也更容易。

激光切割机也有不尽如人意的地方。巨大的能量聚集在一个微小的光点上，使光点四周的材质里里外外都会烧焦。如果一切运行良好，激光切割机内的气流可以防止切割材料烧灼；但如果能量太强、材料易燃，再加上空气流通不畅，结果将会是灾难性的。

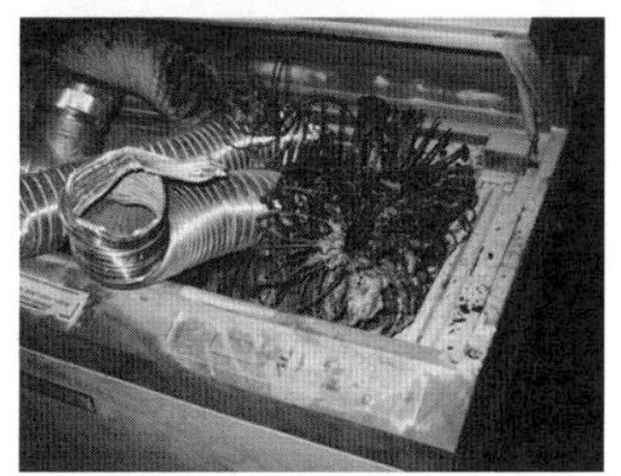

前页照片上的大火起因是一个麻省理工的学生在使用激光切割机作业时临时离开去了办公室。对于危险性高的机器来说，这可绝不是个好主意。直到看见窗外有消防车开过来才意识到自己的机器切割的功率设得太大。

消防栓的水压不仅可以用来灭火，也可以用于制作。当激光切割机力不从心的时候，水流射切割机就可以派上用场。它的喷嘴直径为几十密耳（注意单位不是英寸），就像消防笼头一样把水流喷射出来。从一个如此小的喷嘴里喷射出大量的水，形成一股超音速的水流。水流中混合了细小的研磨颗粒，通常是几个密耳大小的石榴石。正是这些颗粒在做切割工作，当它们随水流加速喷射出来时，携带了巨大的能量，足以击穿任何材料。钢铁、玻璃，或者陶瓷——任何硬质材料都能切割。不管是厚的、硬的还是透明的材质，其他的机器切不了的，水射流切割机都可以胜任。而且它的小喷嘴加上高速运行的研磨颗粒，可以像激光切割机发出的光束一样，不管形状要求多么复杂，都能完成高精度的切割。

水射流切割机唯一的不足就是工作起来的视觉效果不好。下图是一台准备切割铝板的水射流切割机的作业端。

它的机身包括高压水管，底端是一个直径 30 密耳（0.762 毫米）的喷嘴，为耐高压喷嘴配备的是蓝宝石材质。为了避免高压水花四溅，切割作业必须在水下进行。开机前需先灌满水箱，喷嘴周围有用以抑制水花的环状泡沫材料。由于是在水下作业，从外面唯一能看到的就是切割形成的些许泡泡。

使用激光切割机所用的文档，其结果也是相同的字模。不过这次是用铝板制成的。

水射流切割机适用于玻璃、石材或是其他大多数材料。由于适用性广泛，它正在取代先前用于切割作业的机具，尤其是取代了麻省理工学院当年与第一代暴风计算机协同进行实验的数控铣床。

一直以来，数控铣床都是减材加工领域里的代表性工具。它使用的旋转刀具称作立铣刀，看上去像一个钻头，可以横向纵向移动。如果铣刀可以左右、前后、上下移动，则称之为三轴铣床，四轴或五轴铣床则增加了物料的切割角度。

与水射流切割机和激光切割机相比，数控铣床的一大优点，也是一大缺点，就是配备了一个铣刀。优点在于铣刀有尖角，可以适当控制切割的深度。与激光束和水射流不同的是，铣床可以在精确纬度上进行三维塑形，而且可以将表面切割得十分精准。缺点是，如果铣刀钝了，或者移动速度太快或太慢，或者润滑不足，都会影响切割效果。一旦铣刀超负荷使用到了极限，反过来切割材料会切削铣刀本身，损坏已经十分脆弱的钢料。

铣刀的品种很多，用途也很多。以下是两种常见的设计。

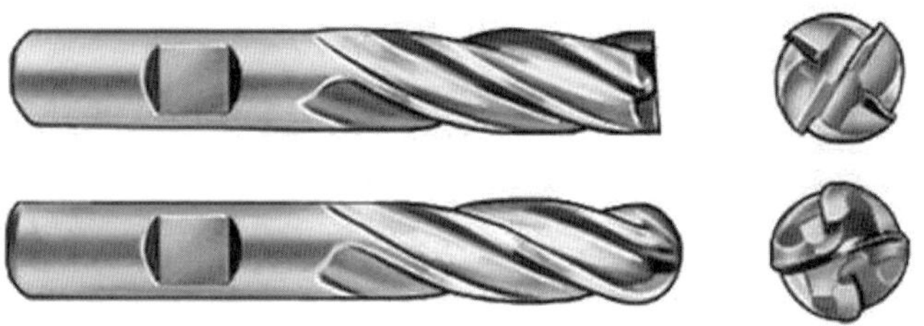

第一款是平头立铣刀（flat-end mill），用于平坦的表面切割。底端交错的凹槽使其可以像钻头一样向下切，不同的是切削面是平整的。也可以用铣刀柱上的凹槽切削出平整的面。第二款是圆头槽铣刀（ball-end mill），其底部呈圆球形，用于曲面造型，沿着造型表面进行切割，可以使切削痕迹变得平滑。铣刀的直径从几英寸到几千分之一英寸不等，回转速度也从每分钟几千转到几十万转不等。

各种铣刀与铣床相匹配。下面是一款经济型桌上铣床，正从一块高密度泡沫材料中雕刻出“Hello World”字样。

易于加工的泡沫材料和蜡常用于制造产品原型，或是用来制作其他材料的模具。

下图是它的“大哥”，一款汽车大小（价格也如汽车般昂贵）的加工中心，正在铝板上雕刻字模。

这种大型铣床不仅可以制作大型零部件，还可以安装自动工具交换装置，转换使用多种刀具进行复杂的加工。

世界上最大的数控铣床有一幢房子那么大，操作者需进入车床边的操作间进行操作。

用这台机器就可以制造大型喷气式客机的机身，实在是太棒了。

这些切割工具中有一位无名英雄，即监控切割作业的测量设备。售价 20 美元的 CD 播放机里安装有拾音头，能以不到百万分之一米，即一微米的精度进行定位。任何一款像样的机床，包括房子那么大的，都装有功效各异的定位传感装置，使机器运行的精准度保持在几十分之一密耳。与之相比，头发丝都显得粗大，它们只有几密耳或者说几十微米粗。这种精准度在微米级别的控制器下，使工具加工时的误差减到最小并且有完美的收尾。从激光切割机加工出来的压配组装三维构造体，到经济型桌上计算机控制铣床加工出的高精度电路板，正是这些微米级别的精度控制装置使“数制”工坊中的一切成为可能。

成长中的发明家

世界各地的社区领导们对个人制造工具的需求越来越多，他们正接受新兴技术为其所在区域的食物与商业带来的增长，同时，还要利用这些技术来提高民生。他们不再袖手旁观，需求与机遇的结合正引领着他们成为科技型领导人。

梅尔（Mel）

梅尔·金（Mel King）是波士顿社区活动里相当年轻的元老级人物。他几乎是靠着自己的摸索协助创造了现代城市规划。

1968 年梅尔领导了“帐篷城”（Tent City）的营地建设。当时，波士顿把城市中心的一块土地卖给一位前消防委员长。这位前消防委员长下令拆除区域内的低收入住房，为建造大型停车场腾出空间。显然，当地居民并不赞成这个主意，他们占领了那块土地以示抗议。随着抗议活动的进行，他们还在那里支起帐篷，“帐篷城”由此得名。他们的坚持最终让低收入住房被纳入城市综合体设计中，这地区后来被称为“帐篷城”以纪念当时的抗议活动。帐篷城为城市、州和联邦在依据综合收入进行住房开发、都市区域划分等方面提供了具有参考价值的案例。

◇ 社区中心

梅尔现在负责帐篷城的南端技术中心。如今，他把科技作为自己的事业，为城市低收入人群创造机会。作为一个社区中心，南端技术中心日夜对外开放，欢迎任何感兴趣的人。人们可以在街上闲逛时走进中心参观，或者报名参加中心的课程，了解更多来发展自己的兴趣或掌握一门有用的技能。除了课程配置材料和认证考试所需的费用，课程是免费的。

梅尔发现，电视网络还未报导过类事他和他的社区邻居们的这些故事，于是他开始与社区组织以及市级议员合作，为当地居民自主制作的节目提供传播渠道。

当他意识到数字革命没有进入他所在的社区时，他继续为南端技术中心提供电脑与课程。从那时起，他增加了一项活动，将废弃电脑的零件重组成可用电脑，让社区内外的个人或团体均可使用。

接下来在南端技术中心我们创立了“数制”工坊实验室，目标不仅是达到科技的利用的民主化，也要实现科技发展的民主化。当机器运送到实验室后，实用培训也会从“你好，世界”的英文字母“hello-world”这个范例开始，利用工具把这些文字裁剪、打印出来。在一切都正式开始前，这些只不过是练习，然而依靠自己的能力进行的练习也会更加有趣。制作出来的立体“hello-world”字体代表真正的个性化制造的机遇来临。

在南端技术中心里的人们，尤其是孩子们，把个性化的文字和图片打印在很多触手可及的物品上：珠宝、鞋子、工具，等等。实验室开始制造个性定制的弹出贺卡、立体模型以及从加纳的“数制”工坊寄来的“阿丁克拉”（Adinkra）[1]符号。所有的这些活动似乎都在为科技发声：“我生固我在。”

◇ 个性制造

1. 译者注：非洲加纳阿丁克拉族（Ghanaian Adinkra）的文化符号。

使用切割工具剪裁过各式各样的高科技材料后，梅尔想，如何才能让南端技术中心持续不断地为机器提供加工的材料呢？要解决这个问题，倒是给丢弃在的垃圾，或者，更有甚者，那些高性能材料——纸板盒、塑料包装袋、胶合板集装箱等，提供了“翻身”的机会。这些材料的工程过程都将重量、力度、表面光洁和成本最优化地相结合，而波士顿像其他城市一样，到处都充斥着这样的材料。

由于梅尔的“数制”工坊里有着精密的制造工具，社区变废为宝，将废弃的运输箱转化成原材料，再重新被制造成其他物品。比如，女孩们在南端技术中心出售的高科技工艺品，对个人能力展示，社区废物回收和城市经济都产生了良好的影响。而对社区来说，原本希望渺茫的事，如今却有了实现的可能。正如梅尔所说：“火车后轮的速度慢于前轮的速度，除非进行改进，后轮的速度才会有所提升。”在南端技术中心，个性化制造为火车后轮的加速提供了机会。

纳纳·柴（Nana Kyei）

纳纳（Nana Okotwaasuo Kantamanto Oworae Agyekum）三世是“欧曼内恩”（Omanhene），即加纳的部落大酋长，生活中被称为“柴·安彭撒”（音译，Kyei Amponsah）。“纳纳”是对酋长的尊称，位及酋长之下的，是区级酋长（divisional chiefs）和小酋长（lesser subchiefs，各村的头人）。成为加纳部落里的酋长不仅仅是一份工作，也是一种生活方式，更背负了终身的责任。酋长是族群中精神、政治和司法的领袖，是受人敬仰的部落文化遗产的保护者，还是现世和其祖先之间精神和血脉的桥梁。

在加纳南部，酋长由母系相传筛选而来。当部落中需要产生一位新的酋长时，部落的“母后”和镇上的“立王者”（king maker）也就是那些老者，会推选最具潜力的皇室成员，并“选中”酋长。被选中是一份殊荣，却也是一件福祸参半的事情，因为这也开启了一个完全不同的人生。

成为酋长的仪式被称为“坐上凳子”（enstoolment），象征酋长权力的是一张凳子而不是一顶王冠。但它可比王冠实用多了，因为酋长可

◇ 纳纳

是住在农村而不是白金汉宫里。除了凳子，还有一些代表权威的侍从跟随他。一位侍从为酋长撑伞，避免阳光直接照射到酋长身上；另一位“语言家”代表酋长发言，因为平民是不允许和酋长直接交谈的，即使平民和酋长就这样面对面站着，发言人也需要互相转述二者的谈话。

我初次见到加纳的纳纳 · 柴（Nana Kyei）时，他正着便装微服私访，以免官方侍从在一旁碍手碍脚。他在加纳和英国长大，随后到美国念书，之后在美国从事 IT 产业。在他任职技术顾问时被选中成为酋长，并被召传回加纳。于是他将之前和今后的事业结合，把酋长这个看似古老的职位一下带入了 21 世纪。

尽管在 20 世纪初，酋长的权力逐渐被占领非洲的英国殖民政府剥夺，但酋长一职仍然被保留下来，以利于维持部落持续存在的表象。而且，酋长是传递殖民指令、实现英国间接统治的有利渠道。这种安排在英国殖民渗入当地行政管理（Native Administration）时被正式化。英国政府还接管了任何会对其政治及经济控制产生影响的职责，最为重要的就是利润颇高的沿海奴隶贸易。更为严重的是，针对外居地主设置的部落间竞争，亦是“分而治之”（divide and rule）政策的一部分，这加速了加纳的分裂，维持了英国的势力。

1957 年加纳脱离英国殖民宣布独立，而此时在英式教育下成长的城市精英开始有意回避当地颇具特色的酋长制度。人民、政权、经济活动等都向城市涌去，削减了加纳重要的农业生产力。

尽管如此，酋长的地位在当地仍然受到尊敬。2004 年，我见到了纳纳 · 柴，他设想着酋长一职会成为新权威的基础，这个权威不同以往，是建立在创意而不是政治或金钱之上。他希望领导人民将当地的需求同新兴的技术相结合，这更像是他任职技术顾问时所做的工作。

在“数制”工坊实验室于加纳塔科拉迪技术研究院（Takoradi Technical Institute）落成后不久，纳纳 · 柴在那里公开露面。他推掉了原有的行程，抵达实验室并讨论能满足当地需求的可行项目。他提出要关注加纳的信息技术和能源渠道两大问题。平均网速为 64Kb/ 秒（相当于一条快速拨号线路）的互联网连接每月花费约 450 美元，而在加纳的大多数地区还未设有互联网，而提供能源的状况则更为落后。

加纳大部分电力来自沃尔特湖（Lake Volta）的水力发电。1996 年，水力为全国提供的发电量约为 10 亿瓦，这相当于美国一座大型发电站的发电量。但仅满足加纳能量需求的 10%，大部分能源需求、剩余的 70% 则由燃烧木柴提供。木柴源于对森林的砍伐，这一不可持续的做法不仅抬高了电价，减少了树木的数量，还带来一系列滥砍滥伐导致的成本。

在加纳，我参观了当地一所由木柴供能的小酒厂。每 2~3 周就有一大批砍伐的木材运送至酿酒厂，耗资 500 万赛地（加纳货币），约 50 美金。在整个国家的人均收入仅为几百美元的情况下，这个小酒厂的年均能源消费却高达几千美元。

当酋长的雨伞为他遮挡加纳的烈日时，每平方米的光照在日照强烈时能提供成千瓦特的能源。不管白昼或黑夜，天气晴朗或多云，太阳辐射的平均产能也能达到几百瓦特。我的住所平均消耗电能约为 1 000 瓦，这些电能可以通过收集几平方米的日照来提供。

加纳现今的太阳能利用分为两种：一种是简易的太阳能聚光器，汇聚阳光可用于烹饪，不过在其他方面就不太实用；另一种是太阳能电池板，产生几百瓦电能的成本为几百美元。因为太阳能电池板的价格相当于一个人的年均收入，所以使用者并不多。

纳纳 · 柴详细阐述了太阳能利用的需求和可行的对策，但显然，目前的方案都还不能快速地满足整个国家的能源需求。太阳能聚光器的产

◇ 能源计划

能太少，仅能用于烹饪；而太阳能电池板的产能又太多，产生和存储电能的成本太高昂，需要昂贵的配套家电。另外，在收集和利用太阳能时均有能量损失，所以太阳能利用的总效率很低。

然而，太阳光可以做比做饭和发电多得多的事情。在建造简单的太阳能灶和复杂的半导体太阳能电池板之间，利用精密的制造工具进行尺寸控制为太阳能利用提供了新方法，也给这些老想法注入了新的活力。其中一种，孩子们都熟知的在大晴天用放大镜，让聚焦的太阳光作为切割工具。如果用计算机取代手工对阳光进行方向控制，激光切割机中昂贵又耗能的工业激光就可以被免费的太阳光所替代了。

有一个想法可追溯到1913年，古怪的发明家尼古拉·特斯拉（Nikola Tesla）在那年获得新型涡轮机的专利。传统的涡轮机运转起来就像是飞机的机翼，通过改变气流或水的方向产生推动力。而要制造出涡轮机内一套固定可转动的叶片却是一件充满挑战的事，特斯拉优雅的设计则运用了一个更加简单的方法。当液体流经物体表面时，会产生一个被称为“边界层”（boundary layer）的过渡区。流体的分子和涡轮物体相互碰撞而减速，因此流动的液体在物体表面便能有效地停止。距离表面较远的分子受距表面较近的分子的影响而减速，进而影响距离更远的分子的速度，这就产生了流动的液体和固体表面之间的速度梯度（velocity gradient）。速度的梯度则在物体表面形成阻力。

界层很薄，厚度小于1毫米。特斯拉的圆盘间隙根据边界层的厚度设计。他发现，当圆盘间的间隙过大时，液体更容易从圆盘之间流过；而当圆盘间的间隙过小时，液体则根本无法从其间隙流过。若圆盘间的间隔宽度刚好等同于边界层的厚度，流过其间的液体与圆盘之间的黏附力，会形成从液体到圆盘间高效的能量转换。

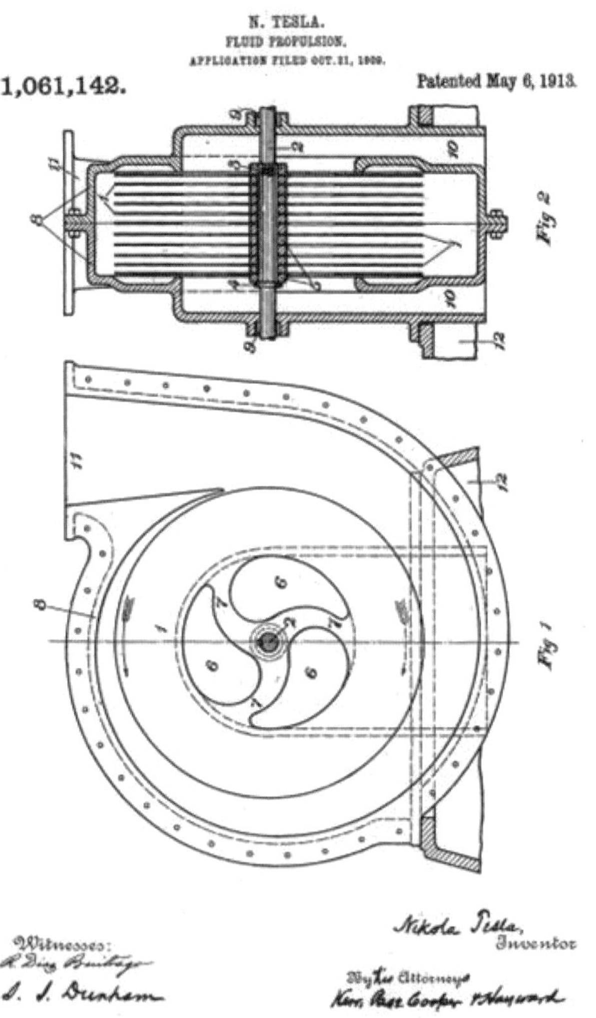

现在由于流体速度过快情形下会破坏边界层黏附，“特斯拉涡轮机”并没有得到广泛运用，例如它在大型喷气客机的引擎中就无法使用。但在流速较慢的情况下，通过精细的圆盘间隔分布，涡轮机却能发挥很好的作用，让流体或气体与涡轮之间的能量发生转换。

如果汇聚阳光的弧形碟面不是用来烧开水做饭，而是将水煮开产生蒸汽并启动涡轮机，那涡轮机的旋转运动能使各种机械运转起来。这些动力可直接启动机器、抽水或提升重物以储能，或者启动发电机和空调的压缩机。

纳纳·柴深知，降温在一个气候炎热的国家对于食物、药品以及人民的重要性。加纳大约有 1/3 的食品因为在运输途中未得到冷藏而变质。用太阳能供暖很容易，那么用太阳能制冷呢？也是可行的，这还要感谢另一个老想法，再加上实验室的工具使赋予新的应用可能。1928 年，法国物理学学生乔治·兰克（George Ranque）偶然发明了涡流管。压缩的空气从垂直的方向压进管中，就像演奏家演奏长笛时对着笛孔吹气一样。管中有一套精密的螺旋形装置让压缩的空气在其中的转速可以达到每分钟 100 万转。这一过程将冷热空气分离，使热空气聚集在螺旋装置的边缘而冷空气聚集在轴心。排气通风装置再分别将冷热空气分离排出，提供热蒸汽和冷空气。

涡流管能有效地分离气流中的高速（热）分子和低速（冷）分子。在工业生产过程中，涡流管生成约 -45.6℃（-50 ℉）的低温。不过涡流管并没有运用在空调里，因为以压缩制冷剂来制冷的传统系统相比，涡流管效率较低；但不同于传统的空调，涡流管没有活动部件，也不用化学剂，所以在可获得压缩空气的情况下，涡流管还是非常方便的。

用“数制”工坊的工具制造涡流管这一想法引导我来到“Kokompe”，加纳的一个车库区。这里的加工厂生产并维修运送食物的卡车，由于没有冷冻设备食物往往在运送途中变质。当涡流管连接到加工厂的空气压缩系统后，引发了一阵骚乱。工人们纷纷停下手头工作，去感受一支简单的管子带来的凉气。他们不讨论这支管子与“数制”工坊的关系，反而直接跳到涡流管的产能和功效问题上。他们所想的是，能否用卡车的废气驱动涡流管，以及到底要多久才能生产出这玩意儿。

涡流管和特斯拉涡轮机是主流工程的边缘产品，将古怪的发明家，非正当交易，模棱两可的解释和严谨科学，甚至更加精密的应用互相搅合在一起。从加纳的小村庄到麻省理工的实验室，纳纳·柴对新兴科技

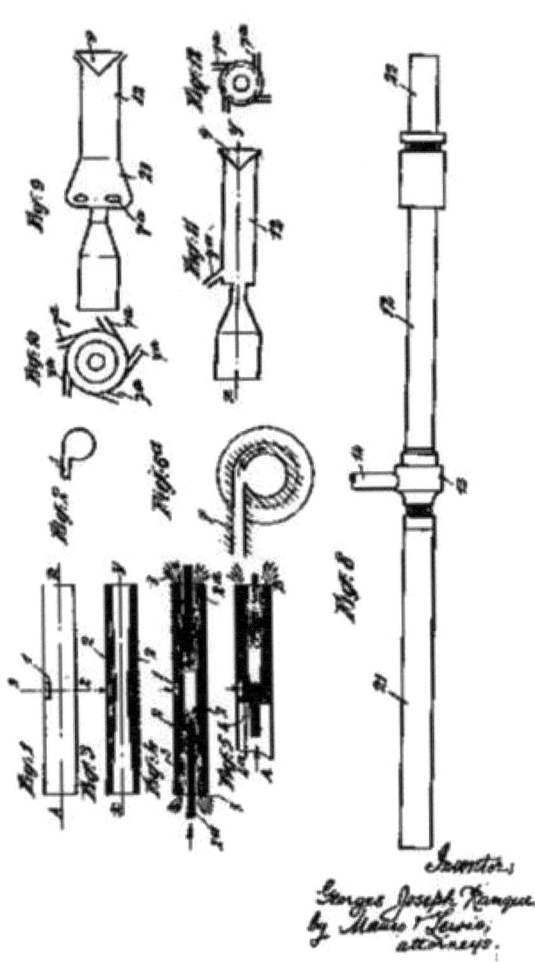

◇ 兰克的涡流管

的兴趣，推动持续研究，探索这类精密仪器的如何驾驭太阳能的可能。事实上，太阳能利用背后的数字令人震惊。保守估计，假设每平方米面积产能 100 瓦，加纳 238 533 平方公里的土地可以产出约 10^{13} 瓦的电力，这相当于 10 个核反应堆的能源输出。如果由计算机控制下的结构复杂的设备，能生产出太阳能收集器时时刻刻捕获太阳能，加纳将由一个贫穷的国家转变为拥有最为重要自然资源和能源的富有的国度。在由能源经济带来的地缘政治的影响下，用光能而不是石油推动经济发展带来的前景，要比加纳的疆土还要广阔。酋长的想法确实能创造能量。

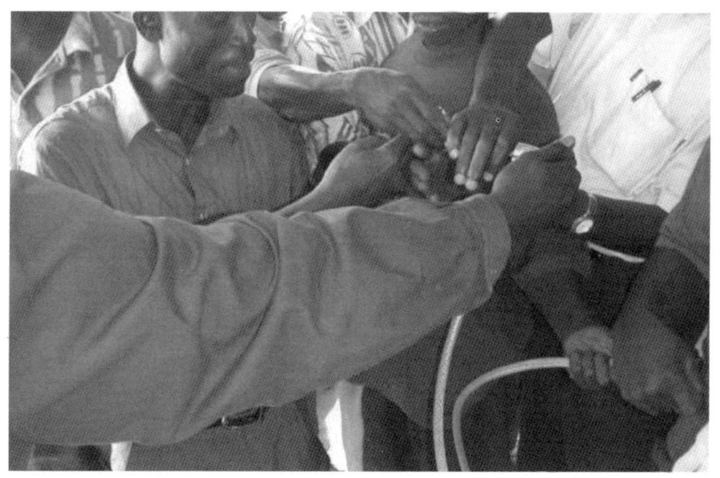

◇ 降温的双手

阿尼尔（Anil）

阿尼尔·古谱塔（Anil Gupta）是草根发明界的全球导师。有着艾哈迈达巴德（Ahmedabad，印度第 6 大城市）印度管理学院（Indian Institute of Management）背景的他，将自己的事业定位在：发现并协助隐藏在我们眼皮底下的发明家。

阿尼尔运营的“蜜蜂网站”（Honeybee Network）模仿蜜蜂的工作方式，即在不损害花朵的情况下采集花粉，并通过花粉传播将花朵联系起来。蜜蜂网站收集草根发明家们的想法，通过分享而不是掠夺这些想法来帮他们实现目标。最新的统计显示，该网站已收集了一万位发明家的数据。

一位印度发明家无法为他的小农场购置一台价格约 2 500 美元的拖拉机，不过他买得起 800 美元的摩托车。于是他想了一个办法，用价值 400 美元的工具箱，将摩托车改造成一台三轮拖拉机（这当然是一台能动的拖拉机，还是一辆实用的交通工具）。另一位农业发明家在施肥时遇到了类似的问题，他的解决办法则是改造一辆自行车。

一位印度农村的发明家，他烦恼的是农村里没有电，但有小公牛。这些随处可见的牛，拉动着农业工具，背负重荷，是农业经济的引擎。这位发明家想，为什么牛没有被用来发电呢。他想用一个神奇的装置套在牛身上并连接到发电机，将牛绕圈移动的能量转换成电能。这样一台牛发电装置可以产生大约一千瓦电能，足够供一座农场或几所住房使用。而这些牛看起来也毫不介意被套上这些装置，只是多拉一次活儿而已。作为能源，牛的好处和煤炭比起来要多得多。它们是可持续能源（只要它们一直被饲养），也是可再生能源，没有哪种发电设备可以“复制”出下一代。这位发明家发现：即使是它们的排泄物也相当有用，胜过化肥；他利用牛粪作为电解液制造电池。

当阿尼尔把我介绍给一群草根发明家时，我发现这是一个令人震撼的经历。我还曾天真地想着我可以传授一些技术知识给他们。我向他们介绍了在麻省理工学院和实际进行相关个人制造的研究，并请他们提问。其中一位先生提到，他制造的谷粒叶轮机（grain impeller）遇到了麻烦。这台机器有一根长螺杆用来输送谷物，但长螺杆却在输送稻谷时由于受力而磨损得很快。他问我是否有任何建议。

◇ 发明大师

◇ 农场里的运输机

◇ 牛前后的动力

我告诉他可以运用一种高科技方案：通过在金属表面生成一层陶瓷涂层来增强表面强度。不过当我看到他一脸茫然的样子时我有些沮丧，我担心所说的这种高科技在当地并不常见，反而迷惑了他。但是没过一会儿，他领悟到当下该做的事就是在金属表面形成陶瓷，就开始寻找哪一种陶瓷更为合适。他的朋友们也提出了一些类似的疑问，例如有自我润滑功能的合金，以及改变物相后能维持在恒温状态的材料。他们自己已经毫不费力地掌握了大量科学背景材料，向我提的问题也远远超出了我的认知范围。

我已经没必要向这些发明家们介绍个人智造的可行性，因为他们早已通过制造事物来谋生了。他们发现将计算机与制造联系起来的办法就在于提升空间尺寸掌握的精度。尽管他们可以构想诸如“摩托—拖拉机”、“自行车—喷雾器”这样的东西，但在把想法变成现实时却困难重重。那些先切割再组装的零件，其形状并不是他们所设计的那样。他们想要，并且需要的，是“净成形”制造的现代工业化实践，而不是任何一件发明或一项科技。这使得材料必须置于你需要的地方，而不是从别的地方再转移过来。这涉及增材制造（additive fabrication）的流程领域，将在下一章节做详细介绍。

梅尔·金、纳纳·柴·安蓬撒和阿尼尔·古普塔虽然身处非常不同的环境，却有着相同的角色和责任。他们的工作不是动手发明，但对科技的可行性有着精准的直觉，这一点，他们比很多发明家做得好。 面对这一情况，他们抓住了个人制造的时机，在其所在的区域捷足先登。在他们看来，个人制造虽不是连续发展的技术，但却更像是我们人类历史自然发展要迈向的下一步。在这些人和他们全世界的同类的指导下，个人制造的工具可以开拓世界上自然界宝贵的资源：那就是他们的人们和人们脑子里面的想法。

增材制造

增材制造工艺相较于减材工艺，犹如制陶工和雕刻家。雕刻家在满是石料的工作室凿掉多余的石头创造一座雕像，而制陶工是在作品需要的地方添上他们想要的黏土。这种古老的想法实质是一些最新制造技术的核心。

减法式的切削工具必然会在生产部件时产生边角料。不过加工也可以有效地被反过来，通过有选择地注入、或射出、或挤压、或沉积、或熔融、或烧结、或是成形，部件可以从它的原材料中被生产出来；这种加法式的方法从无到有，能制造出简易的包装模型，或者复杂的工作系统，真是应有尽有。

而一种最简单又常用的无废料生产方式，既不是加法式也不是减法式，它被称作等量制造（equality fabrication）。这种方法的生产概念在于将零部件变形，最终重新成形的产品其材料用量与先前相同。在等量制造的方式中，有一种技术叫作真空成型（vacuum forming），即将塑料板加热以软化，然后利用真空将材料拉制成形。另一种技术叫吹塑成型（blow molding），即利用压缩的空气将柔软的材料吹贴在模具内侧，玻璃瓶就是用这种方式制造出来的。

下图是一台真空成型机和一层利用突起的“你好，世界”的英文字母“hello-world”模具进行减材加工法加工的塑料板：

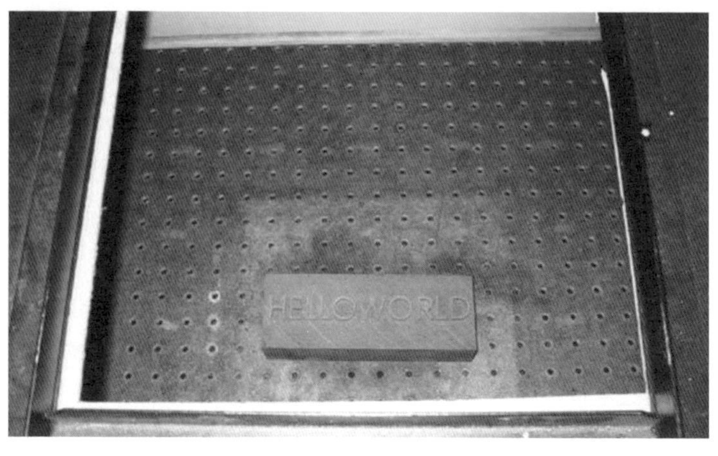

机台上悬空放置着透明的塑料板。当机台的盖子盖上后，材料被加热。在材料下方，从机台底部圆孔中排出的气体将材料压制在文字上。

当材料和模具分离后，字母已被印制在材料上：

由于真空成型和吹塑成型非常快速又价格低廉，它们是生产打包袋的技术的首选，后者则为垃圾填埋做出巨大贡献。

如果进一步提升温度并施加压力，塑料可以像液体一样流入模具中。使用注入型模具（injection mold），不仅可以制造薄层，更可以用来制造实心样品，并且可以批量生产造型复杂的产品。通常，模具由一对匹配的半边模组成，在原材料被注入模具中成形后，两个半边模具分离便可取出成品。下图为一副注入型模具，其中一边模具上有凸出的“hello-world”字样，可用“减法”进行加工。

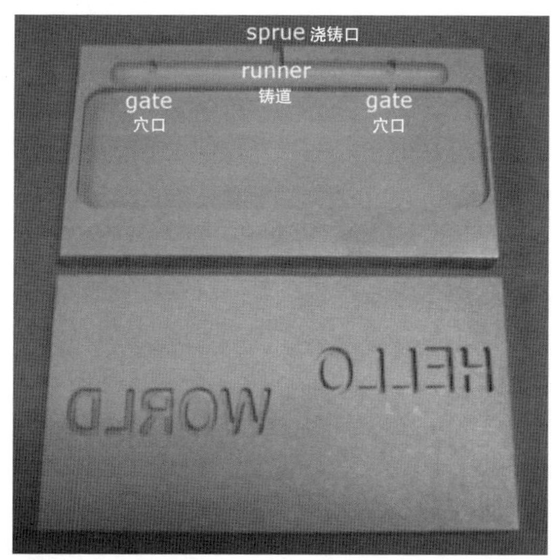

另一副半边模具里的凹槽可以用来形成字母的底座。熔化的塑料从模具外侧开口，即铸口（sprue）被注入到模具中。液态的塑料由铸道（runner）流经穴口（gate），流入模穴。由于一开始被注入的塑料不是完全熔化的，所以铸道要宽于穴口，以保证塑料能缓慢均匀地填满模穴。

注入型模具的两个半边模被牢牢地挤压在一起，这样塑料就不会从它们之间的缝隙中渗漏。从进料斗入料的塑料小球在高温的螺旋喷头中被熔化成液体，然后被挤压入模具：

一旦塑料冷却后，分离模具便可得到如下所示含有字母的成形塑料：

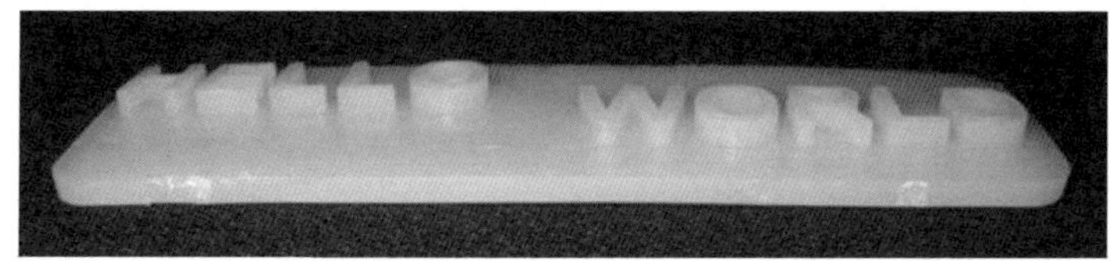

现在，用这副注入型模具制造出成打的“hello-world”简直易如反掌。打造一副模具可能需要几小时甚至几天的时间，而把塑料注入模具中仅需几秒钟的功夫，剩下的就是尽快让用此法制造的产品生产出来。

用注入法成形的难度在于，要通过最简易的后加工步骤，最少的材料浪费和由于模具衔接缝隙造成的最不明显的表面缺陷，形成最优的成品表面光洁度。在如乐高（LEGO）这样靠注塑成型而生存的公司，其模具制造者的工资待遇是最高的。他们在一处奢华的僻静之地工作，打造的模具，其表面犹如钻石般光滑，其精度犹如望远镜般精密。完成之后从模具中取下的成品完美无瑕，无需再对其表面进行加工。由较少的模具制造者所打造的模具，用来批量生产大众商品。

在塑料的浇灌过程中，通过将其他诸多材料注入以改变成品的物理特性：加入空心的塑料颗粒，可以减少成型的密度，从而减轻重量；加入混合了纤维的塑料，会增加成品的抗拉伸的强度；可在其材料中加入导电添加剂，以塑造有导电功能的部件。我们甚至能用注入型模具，制造高温陶瓷制品或是坚硬的金属部件。在陶瓷或金属粉末中混入塑料粘合剂，有助于增加材料的流动性，这种材料可以用来生产“绿色”部件。混合了塑料粘合剂的材料通过加热、挤压（烧结）将不需要的塑料去除，同时将材料融合在一起，成形后得到的是一整块部件。更为重要的是，用模具成形远比机械加工快得多，所以大多数部件生产采用的都是模具成形加工法。

如果目标是生产单个而不是批量，诸如一百万个产品，打造模具就会产生大量额外的工作。人们研发了数不清的快速成型技术来满足小批量加工的要求：迅速地制造一个部分的快速成型模型，并确认其被制成模具实物时是否会有问题出现。这种技术也叫被做 3D 打印技术（3D printing），因为快速成型机台用起来就像是普通打印机一样，只不过制作的物件的是三维的物品而不是二维的图案。

目前世界上有着许多 3D 打印机供应商（几乎每家均是根据他们的生产工艺专利来开展业务的），因而 3D 打印工艺诸多。其中一种 3D 打印机是向槽中的聚合物（polymer）粉末发射一束激光，聚合物表面经激光扫射变硬，激光一层层连续扫射，形成产品的一层层薄层断面，最后成品沉入清洗槽中将没有凝固的粉末洗去，一个部件就那样产生了。另一种 3D 打印机，它运转起来就如一支 3D 喷胶枪，通过可动喷嘴向冷却室喷射熔化的塑料液体，冷却室的温度比塑料的熔化温度稍低，液态塑料喷射到冷却室的就立即凝固而形成产品。

另外一种加工方法是运用喷墨打印机针头往细粉上喷射液态粘合剂，液滴喷射到哪里，粉末就在哪里被粘接成固态形状；一层层重复喷射，粉末一层层被熔合，这样就制造出一个部件。就像普通二维打印机用青色、品红、黄色和黑色墨水绘制画面一样，彩色的液态粘合剂也可以让打印颗粒上色，并且生成彩色的三维部件。这种生产工艺的一个优点在于，未被熔化的粉末可以在半成品成为结构性支撑之前为其提供支持，就像遮阳篷的骨架一样。右页图是被印制在地球仪上的“hello-world”字样，它真的在和世界打招呼呢！

未熔化的粉末着床围绕着打印中的半成品。仔细观察，你会发现打印机扫过的地方形成了一层新的硬化层。图中可清楚地看见即将成为地球仪轴心的杆的横截面。这一框架会以单根连续的杆状形态成形，支撑着被打印在其四周旋转的球体。而传统的加工方式是不可能制造出这种联结的嵌套结构的。

尽管 3D 打印机有着能打印几乎万物的这一致命的吸引力，目前它们仍然存在着一系列的局限。从价格上来看它更接近于一台主机而不是打印机，而在实力方面，则应该更准确地称它们为“慢速原型制造机”，打印一款复杂的部件需耗时个把小时或几天不等。

在展示、销售机械工具的商品展示会上，快速成型机器占据了一个技术比较尴尬的位置。问题就出在这款机器的名字“快速成型”上。如果一项工作需要大批量制造产品，那么生产一个原型对于批量生产来说仅仅只是一个过程而不是结果。3D 打印的定位被视作产品开发，然而人们关注的却在于在能生产产品同时又能盈利的快速打印设备。不过，如

WORLD

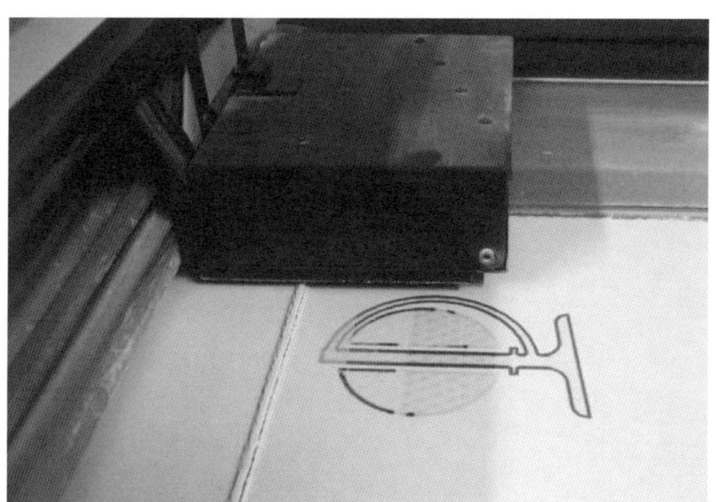

果你的目标就是打印一个原型，且仅仅是一个而不是大批量生产，那你肯定迫不及待要入手一台 3D 打印机。

3D 打印机的另一个局限在于，打印出来的产品往往金玉其表，实际产品的内部并无其他功能。在打印完一个部件后，我们仍然需要为这个部件增加其他必需的活动组件以实现产品的应用。如果想要地球仪自动转起来，它必须要连上一个马达。如果想要地球仪上的城市被点亮，那么就得在地球仪内安装 LED 灯和电线。要是想在地球仪表面展示时间，那还需要加上一块电路板。

快速成型的最后一道难题在于，需要引入功能型和结构型材料，这样才能打印出完整的工作系统。具有导电性的粉末和塑料可用来打印电线，可打印的半导体材料可运用在逻辑电路中，磁性材料可用来制造马达，组合的化学物质能够储能，等等。实验室已研发出涵盖上述材料的各种可打印墨水，并进行了演示。把这些打印墨水集成起来，是制造出可造万物的机器最具前景的方法。有一个说法是，如果一位毕业生的毕业论文能自己从打印机中走出来，那他除了能打印论文文本，肯定还能打印出结构配件、运转发动机的传动装置、用于逻辑的控制系统和能源供应。

除了打印，增材制造的最终灵感还来自于生物学。毕竟，一个小婴儿是逐渐长大而不是我们把他一下子雕刻出来的。细胞内的分子机制也是根据蛋白质的不断添加、组合而形成的。我会重新在“未来”这一章节中提到这种简单观察的重要结果。

制造模型

一栋建筑，通常会先由设计师设计，再经由工程师处理，最后由施工人员来完成。从高阶描述到低阶的细节及物理结构，整个工作流程的进展清晰、明显。每个阶段的工作都体现在模型上：首先是它们的外观，然后是工作原理，接着就是如何建造了。原始的模型都是有形的工件，而在近期，这些模型逐渐转变为计算机中的透视图。现在，多亏了计算机和制造的融合，我们可以通过三维输入、输出设备，打印、扫描三维物件而不是目标产品的二维图面，来实现设计物品的二进制和原子、物理和数字表象之间的转换。这些工具正在模糊产品原型和产品本身之间的界限，并将设计、工程处理和建造之间的功能融合到新的建筑学概念中。

许多不同的领域也都出现了“设计师”这一概念性角色，负责项目的整体结构框架和外形。所有的这些设计师都开始在硬件和软件上运用相同类型的快速成型工具。这是制造模型的优化方法，而用这种方法制造出的模型，为不管是房屋、汽车还是计算机设计师的工作提供了机遇，让他们的工作更快速、更廉价，且更优质，使他们能越过在传统的研发和制造劳动分工上形成的障碍，有能力处理具有一定复杂程度的项目。在模型制造中引入自动化甚至在经济范围内也产生了影响。

弗兰克（Frank）

弗兰克·盖里（Frank Gehry）是建筑界的摇滚明星。他为西班牙毕尔巴鄂城设计的古根海姆博物馆（Guggenheim Museum）是鲜有的成功的螺旋线结构建筑，它改变了人们对一栋建筑、一座博物馆、一个地区，甚至是建筑学整体的流行观念。那些从未对建筑思考过太多的人们被这座威严的建筑所表达的含义，以及其内部收藏的艺术品所震慑。然而，在弗兰克的粉丝中几乎没有人意识到，他的设计以及建造的方式比其建筑看起来更具创新。这些建筑的模型看起来就是随意又皱巴的几片纸，这正是他们设计的开始。

1962 年，盖里在洛杉矶开始了他的建筑设计实践。从独户住房开始，他逐渐对在建筑中加入具有表现力的材料和结构产生兴趣。他工作的方式在本质上就是处理那些易于修改制作材料的模型，例如纸板、塑料、泡沫、黏土等。这些模型并不是设计成果的体现，在制作模型的过程中设计亦被不断地改进。模型的外表和它们的制造方式有着千丝万缕的关系：比起死板的直线形式，灵活的材料最能自然地形成流线型，这正好能表现出盖里想表达的动感。

盖里的流动造型在 1989 年为他的设计生涯带来了具有划时代意义的授命——为巴塞罗那奥林匹克村的巨型雕塑做设计。他设计的长约 60 米，高约 38 米的鱼形雕塑，极具代表性，同时还是用有机材料制成的巨型设计。造型简洁的鱼形雕塑上没有任何直线，每一片材料的形状也都是不同的，却造就了这一结构复杂、令人叹为观止的“建筑”。为了把桌面上的建筑模型变成真实的巨型建筑，弗兰克的工作室紧急联系了他在加州大学洛杉矶分校的同事比尔·米切尔（Bill Mitchell），一位 CAD（电脑辅助设计）高手，后担任麻省理工建筑学院院长。

◇ 麻省理工学院史塔特中心（Stata Center）的模型

随着盖里建筑实践经历的增加，他毅然决然地选择避免使用计算机。计算机在当时被毫不客气地称为“任天堂的垃圾”，而他也认为并没有必要使用它们。恕我直言，在那个时候，建筑师们觉得计算机更像是游戏机而不是严谨的表达媒介。建筑师需要把二维图纸交给工程师，再由工程师交给承包商，而像鱼形雕塑那样有着流线造型的三维结构无法由二维图纸完全地表达。

作为对盖里工作室请求的回应，比尔·米切尔并没有向他们推荐当时现有的建筑领域软件，而是向他们推荐了运用在航空航天学和自动化工业领域的计算机成型工具。因为生产一架飞机或一辆汽车所需的研发和模具开支可高达数十亿美元，所以在承接下一项设计前就让一切准备就绪是有好处的。这使得精密的工程软件环境得到了开发，实现设计在从构想开始，到同步测试，以及生产的各个方面都无需用到纸张。不同于早期模仿制图桌面的建筑学程序，工程软件逐渐能模仿物质世界的各个方面，高楼耸立、交通发达的世界。

1991 年，有着指导大型建筑项目背景的吉姆 · 格林谱（Jim Glymph）加入弗兰克 · 盖里的团队，为他们无电脑配置的办公室引入了 CAD。吉姆负责将盖里的实体模型转换成计算机模型，用以控制机械生产。盖里的设计操作并没有用到计算机，这方便了吉姆可以跳过用建筑学软件绘制平面图的阶段，直接运用三维设计工具。不过这种三维设计工具必须是描述性的而不是定制的，如此才不会抹去设计工艺中模型制造的重要角色。由实体建模定义的设计被取而代之转化成数字化数据。三维扫描仪可以记录桌面模型，如麻省理工学院史塔特中心模型的尺寸坐标。工程软件再为其加入机械结构和基础设施服务，最终的文件再由电子传送至零部件制造公司。钢质框架和面板在计算机控制下被切割、弯曲成形，然后在施工现场像搭拼图一样把这些框架组装起来。

这样的工作方式有着多方面的优势。最重要的是，这让建筑的建造不同以往，因为这种方式只局限于材料的可能性而不是设计描述中遇到的困难，同时还让建筑过程变得更经济和快捷。巴塞罗那的鱼形雕塑从初步设计到建造仅花了半年时间，完全优于计划的建造日程和预算。对施工人员来说也没有任何不确定事项，因为他们不需要做任何解释；他们拿到的规格是由机器精确要求的而不会因人员理解而产生歧义。所有由建筑师、工程师和施工人员在他们的日程安排和预算中添加的多余项目所造成沟通的不可预知性也通通被消除，因为他们看的是同一份计算机文件而不是在每个阶段重绘的图纸。

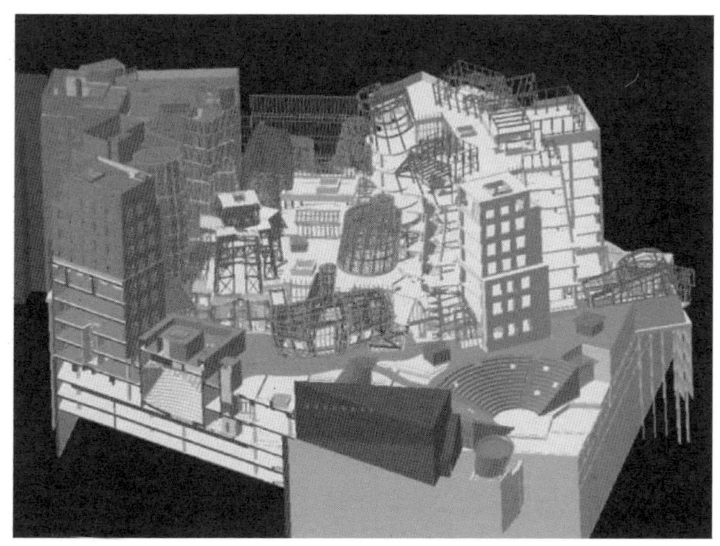

◇ 史塔特中心的工程设计

◇ 史塔特中心的部件加工

◇ 史塔特中心的部件组装

◇ 史塔特中心的建造

最终，向建筑业引入工程软件和生产工具挑战了建筑设计与制造的整体劳力分配。一旦盖里完成一件模型，他就能摁下价值一亿的打印按钮，高效地将设计传送给建造方。真正创造性的工作是由他的双手完成的，剩下的便可交给自动化完成。如果世界上有形如建筑那么巨大的3D 打印机，那就真的可以自动生产我们想要的结构，而现在人们正在为实现这一目标进行认真的研究。

拉里（Larry）

比尔 · 米切尔和弗兰克 · 盖里之间的合作是由比尔先前教过的一位学生拉里 · 萨斯（Larry Sass）进行的，他后来进入了麻省理工建筑学院。像拉里这样的新一代建筑师从小便开始接触计算机。作为他的专业技能，他精通编程，并将计算机视为富有表现力的媒介而不仅仅是工作流程中的一项工具。

拉里对盖里反其道而行的工作方式很感兴趣。他想知道快速成型加工是否可以把一幢建筑的计算机模型转换成一个桌面模型，从而反映出设计的最终结构，而不是把一个实体模型转换成计算机数据，然后再把零件拼搭起来。他探索研发能进行自动组装的设计，而不是尽力去适应规模庞大的日常材料的外形。在这过程中，他发现了建筑能满足社会最底层而不是富人们的需求的机会。

拉里将目光转向独户住宅的设计。就像我的孩子格蕾丝和伊莱，他们用一台激光切割机制造了他们游戏用的结构，拉里设计出的模型可使用二维压合板搭建，压合板则可由激光切割纸板而成，然后就能迅速拼搭成一个三维模型。不过和玩具不同，这些模型需具备必要的承载能力为实际尺寸的结构提供支持。

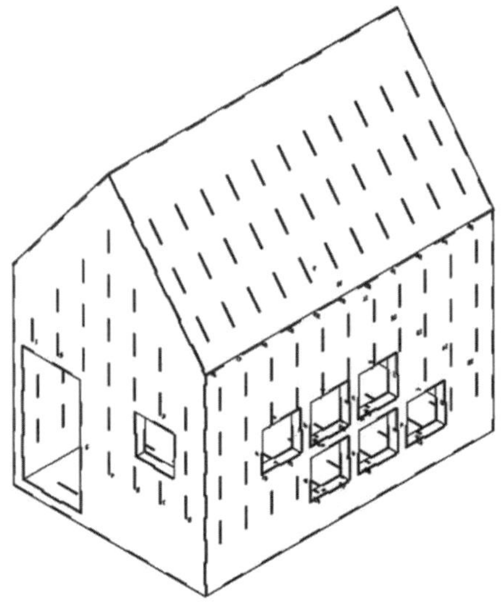

◇ 设计一栋房子

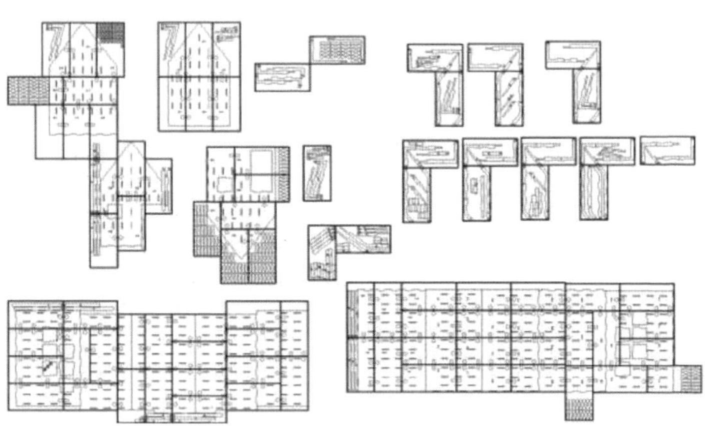

◇ 房屋工程设计

◇ 设计一栋房子

◇ 房屋制造

◇ 房屋组装

一旦桌面模型成型并完成安装，便可运用计算机控制的钻板机和极为实用的 4 英尺 ×8 英尺胶合板大规模生产实际尺寸的产品。钻板机的功能介于研磨机和激光切割机之间，旋转的切割工具在巨型加工机床上移动，加工出实际尺寸的部件。就像拼搭桌面模型一样，这些部件被装配成一栋真实的房子，等待着上油漆。在我们那儿的家用建材商店，一块 4 英尺 ×8 英尺的胶合板大约是 20 美元。拉里的其中一个设计可能会用到百来块这样的材料，相当于房子的材料耗费仅需 2 000 美元。所有的胶合板都可以被紧密地安装在一个海运集装箱中，在需要的地方组装成形。并且多亏了计算机控制切割，每一套住宅的配套元件可以根据居住人和住所的要求进行改变。

目前，世界各地正在研发住房规模的打印加工，就像 3D 打印一样能生产出实物，再组合到一起就像孩子的建筑工具箱。除了让房屋建造更经济、快捷，这些工程还有望制造出更能满足住户需求的结构，因为所有材料中最不灵活的结构材料就是一堆静态的建筑文件。通过把电脑屏幕中模型的数字描述转换成实际尺寸结构的桌面模型，每个阶段的机器都可就尺寸进行相互交流，所以人们就可以从工作中解放出来去谈论“设计”这件最重要的事。

艾蒂安（Etienne）

弗兰克 · 盖里倡导使用 CAD 工具，用寻常材料作为桌面模型的原材料打造建筑；拉里 · 萨斯正在实现这个想法。而艾蒂安 · 德拉克洛瓦（Etienne Delacroix）也在用 CAD 工具将日常材料制成一台计算机。

作为一名物理学家，艾蒂安认为他在科研方面的经历可以作为艺术创作的基础。他在巴黎的一个工作室当了 15 年的画家。之后在 1998 年，他作为一名访问学者到达麻省理工学院。在那里，他尝试做实验，提出让艺术家使用技术型工具的方案。他起草了面向艺术家而非计算机科学家的绘图程序的用户界面的软件草图，然后开始考虑如何将一个艺术家工作室的表现力扩展到计算机硬件领域。

这一想法让他开始了游牧式的旅程，旅程在 2000 年结束于乌拉圭和巴西。在那儿他发现了技术、文化和需求的丰富交叉。在一间间工厂里，他开始教艺术家们使用工程师所用的工具。像弗兰克 · 盖里一样，他寻求能让艺术家在工作室亲自动手，直接处理材料的工作方式。但不同于盖里的是，他用的是电子材料。

艾蒂安从世界各地，从无论是发达国家还是发展中国家堆积如山的科技工艺垃圾着手，把废弃的计算机和电子消费产品拆成小块，把芯片和元件从电路板上解焊拆下并分类。他像一位专业的拾荒者，不让任何一件物品浪费，即使是焊锡也被收集起来用于焊接新电路。

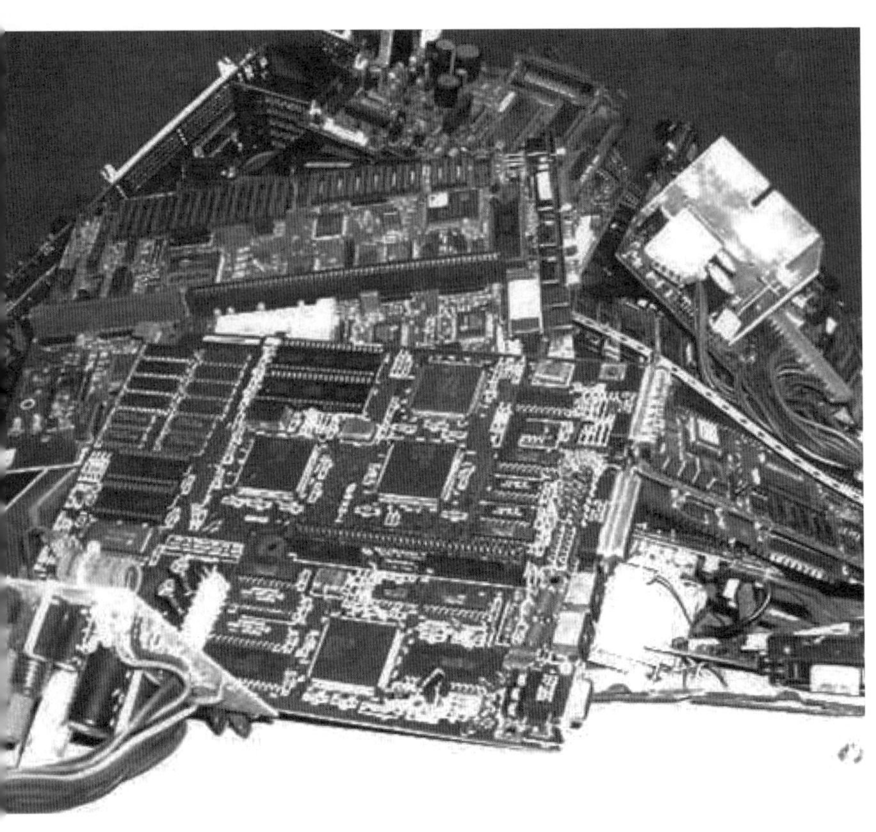

◇ 制造计算机的原材料

◇ 经过挑选的材料

◇ 制造一台计算机

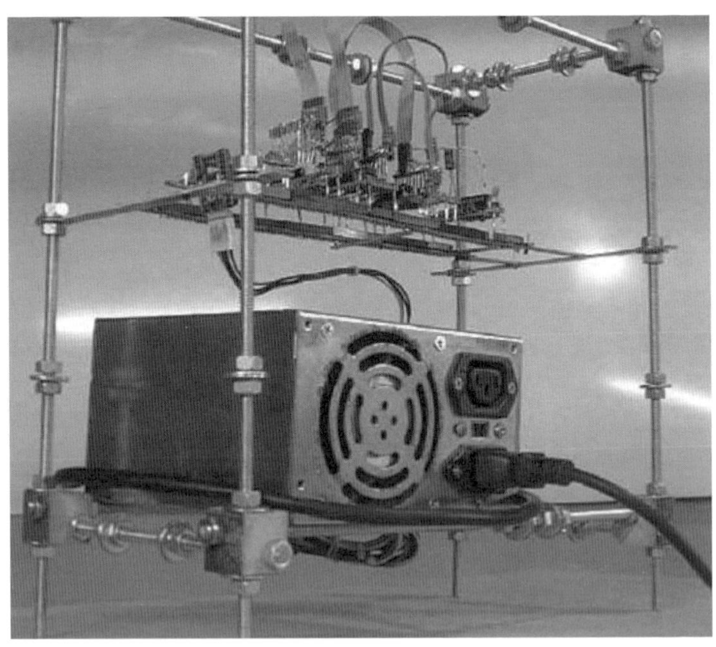

◇ 组装一台计算机

当收集到的一些高科技原材料时，艾蒂安和他的学生们就像考古学家一样处理这些材料，从中提炼浓缩的工程知识。在向他的学生教授如何解构现代技术后，他又向他们展示了如何将解构的材料重构成新的框架。他们从最基础的开始，如电源、开关和灯。在掌握了计算机这一媒介的使用后，他们进一步运用数字逻辑和微处理机编程，最终用废弃的材料打造出完整可操作的计算机。

上百位学生出现在他的工厂，渴望能学会处理他们身边的科技工艺垃圾。正当他的团队活动被经济、社会和政治骚乱打乱时，艾蒂安偶然得到一个回复，就像我当时在麻省理工学院“如何创制（几乎）万物”课程上看到的一样。

艾蒂安发现他教授的技术课程中最难的部分在于想像力。他可以看见科技垃圾隐藏的可能性，但他除了自己把材料拼搭成一个成品，很难教会学生也像他一样。这一难题启发了艾蒂安将目光转向弗兰克盖里和拉里·萨斯正在使用的同款三维计算机辅助设计软件。他教学生们用软件绘制他们工作室的虚拟图像，让他们自由地组装模拟的部件。当他们找到组装成形的好方法时，他们就可以拼搭实际的零部件，将可重新利用资源，变废为宝。

艾蒂安运用计算机辅助设计工具模拟出计算机架构，真正地打破了工程软件的界限。航空航天和自动化工业领域开发的三维设计工具能模拟出一辆汽车或一架飞机的架构。CAD 模型涵盖了多个子系统，例如汽车广播和导航仪的尺寸与连接，但子系统不会细分到单个电路元件上。子系统的目录中还包含了制造这些系统的供应商。不过为了模拟重制废弃的数字硬件，艾蒂安需要打破这些子系统的界限才能同时制造出电子和机械零件、电路、结构型连接等模型，以及把上述物品整合到一起的软件。在目前的工程实践中，这些设计功能可能会被分解至十多个程序：一个用于二维设计；一个用于三维设计；一个用来设计电路；另一个用来绘制电路板；微控制器和微处理器也需要对应的程序，还有的程序则用来制造路径，模拟机械应力、电磁辐射，以及模拟气流和热传导。目前，开发工程软件的障碍在于，要把所有层面的描述集成到一个单一环境中，跨越艾蒂安的设计中不同元素的界限。

◇ 模拟一台计算机

盖里、拉里和艾蒂安在探索将实际物体转换成数字化数据，或反向转换方面都是先锋。一份详细的说明书、一幅绘图说明、一个桌面模型和一个实际尺寸的结构所涵盖的信息是相同的，只不过其表现形式不同。3D 扫描、建模和打印的交叉模糊了艺术家与工程师、建筑家与施工者、设计师与开发人员之间的界限，不仅把他们所做的，同时把他们所想的，都汇聚到了一起。当这些功能可以由个人进行运用时，不管是建造一座看起来像是桌面模型的艺术博物馆、低收入住宅，还是用废弃材料打造出一台计算机，都能反映出个人的兴趣爱好。

描述

与个人电脑硬件若要发挥作用少不了执行的软件程序一样的道理，个人智机若要创制万物，也需要一套有关设计的详细描述（a description of a design）。设计就像音乐一样可以在线购买，并下载到本地便携式音乐播放器中。不过超越了消费演变到发明的过程，让个人制造更具有前景。计算机辅助设计（Computer Aided Design，CAD）软件应运而生。这些设计软件的目的就是要帮助人们捕捉到那些忽然闪现，稍纵即逝的模糊概念，将它们转换成结构的精确描述。

制作实体的智机，没有设置（至少是目前还没有）撤销按钮，一旦某项针对实物的操作任务开始后就很难撤销了。好的设计软件，可以在生产制造前，为产品提供一种能够进行简单实验的模拟环境，从而帮助将这一想法变成现实；反之，糟糕的设计软件不仅特别难操作，还会对产品和其制作方法强制设定很多先天限制性条件。

价格最便宜又极具通用性的设计工具的成本大约是 10 美分，那就是一支铅笔的价格。这项经常被低估的工具拥有一系列能够满足人们各种设计需求的特点：用户界面易于理解，反馈用户命令及时、携带方便，而且能够形成高分辨率图像。本章提到的任何其他更为高级的软件工具都无法满足以上罗列的所有需求。基于这个原因，涂鸦在优化设计过程中是一项不可估量的重要组成部分。在被功能强大但灵活性不足的计算机化工具束缚思想前，设计师的涂鸦有助于思路的开拓。我们可以将由涂鸦而成的草图扫描到计算机中，作为整个设计过程的起点；或是把草图转化成二维的刀具轨迹，直接发送到制造机器上。

购买和运行一款设计软件很有可能要花费成千上万甚至是数百万美元。当然，相比 10 美分的铅笔，付出高额的费用不等于会买到更多的灵感。恰恰相反，高级工程设计工具的学习曲线，看起来更像是攀登悬崖峭壁那样，一步就是一个大飞跃，而不是像步行上山，一小步一小步地慢慢向上，所以使用者在运用这些软件进行设计前需要进行大量的学习。严格来说，计算机辅助设计软件工具的核心是具有管理更为复杂项目的能力。随着设计项目的推进，越来越多的项目部分（和人员）参与其中，时刻追踪各个部分的进度、相关负责和参与人员即时的作业情况，就变成了一项愈加繁重的工作。工业级软件的功能不应该局限在工作流程的管控上，除了从初始概念一路延伸到生成零部件管理列表、操作生产机器的指令说明之外，还应该包括该产品生产周期所涉及到的每一位人员（例如市场营销人员和律师等）和每一件事情。

让我们从一个简单的例子开始——设计一个带有“你好，世界”的英文字母“Hello World”的东西，看看设计过程（不包括人员部分）是如何进行的。为了能够进行完整的比较，我们先来看看 10 美分的铅笔给出的设计方案：

画上这幅“Hello World”只花了我十秒钟的时间就完成了。在设计的过程中，唯一受限的是我那几乎为零的绘画能力，我画不出其他的字体和线型。

当纸张上的图画需要修改，或者是需要表达更为复杂的信息时，那么问题出现了。我们有两种解决方式：用铅笔增加一些标记，或是用橡皮擦掉一些痕迹。而绘画软件也相应添加了如同铅笔和橡皮般的修改与擦除功能。

以位图（bitmap-based drawing）或像素图（pixel-based drawing）为基础的绘画软件通过记录页面上各个格子里的电子墨水存储量来处理图片，这种感觉就像在纸张上画画一样。位图（bitmap）通过一系列数据位来表现图像，1 个像素（pixel）就是位图图像中的 1 个像素点。在像素图中把字母 c 转变成 x 并存储起来的过程就像处理熟食一样简单。像素绘图软件主要用来绘制插图或插画这样的图画类型，对于技术制图来说用处不大。这是一张“Hello World”的像素图：

Hello World

它由很多像素点构成：

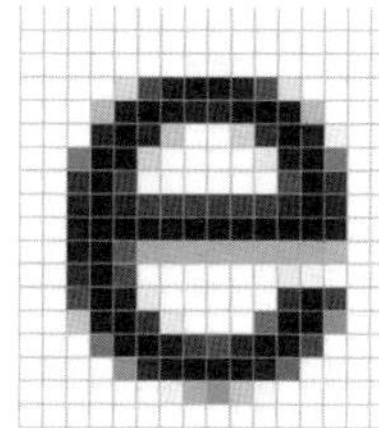

一旦这些点被一一绘制出来，它们就不再是字母“e”的一部分；而想要改变这个字母的唯一方法就是擦掉这些点再重新绘制。

与像素绘图软件和在纸上作画相比，矢量绘图（vector-based drawing）软件能更加有效地存储绘制过程。矢量绘图软件通过记录终点的位置来存储一条直线，从而定义一个矢量（vector）；通过记录所有用来定义形状的点来存储图形，就像用圆心和半径来画圆一样。由此，改动相关的点就可以移动或修改已绘制的图形。而且，由于这些图形是由数学函数而不是像素点来定义的，它们从计算机辅助设计环境输出后，可以根据需要尽可能地被详细绘制，不管制成品是用来切割钢材还是用来放置原子。最重要的是，这些图形还可以和其他图形相结合，组成更复杂的结构。

从远处看，矢量版的“Hello World”和像素版的“Hello World”很相似：

Hello World

但是矢量图在放大的情况下不会失真：

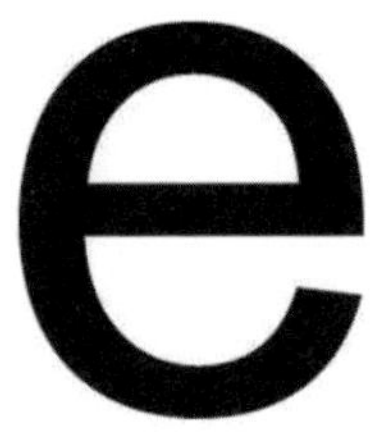

这是因为字母是由曲线而不是像素点组成的。下图为定义这些曲线的点：

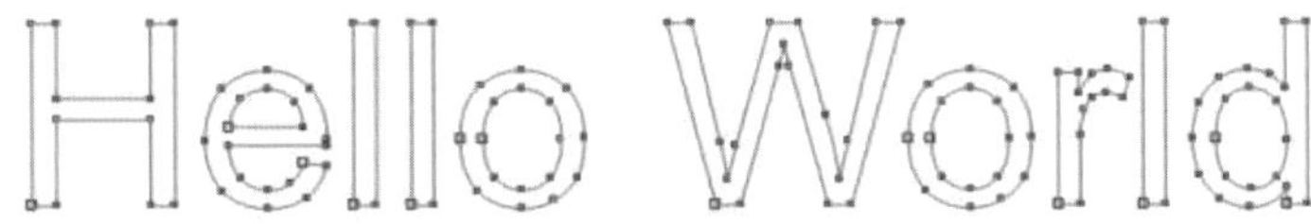

既然数学函数可以用来定义字母的形状，也可以运用到数学绘图中。其中一种特别实用的图形编辑运算便是布尔运算（Boolean transformations）。该算法以数学家乔治·布尔（George Boole）命名，他在 1854 年建立了一种逻辑的数学表示法。例如，我们可以在 "Hello World" 上画一个长方形：

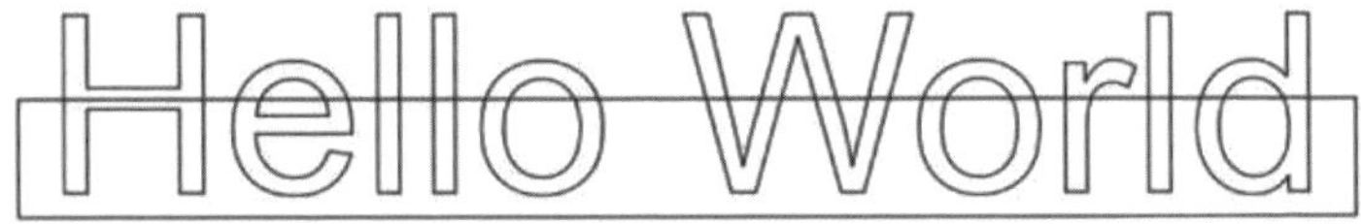

然后运用布尔运算让两者相融[1]（如下面这组图形中的最上的图示），相减[2]（如下面这组图形中的中间图示），或相交[3]（如下面这组图形中的下图所示）。

1. 译者注：相融（add），即图形中布尔运算的并集，指将两个造型合并，相交的部分被删除，运算完成后两个物体将成为一个物体。

2. 译者注：相减（subtract），即图形中布尔运算的差集，有两种情况：第一，A-B 部分，指在 A 物体中减去与 B 物体重合的部分；第二，B-A 部分，指在 B 物体中减去与 A 物体重合的部分。

3. 译者注：相交（intersect），即图形中布尔运算的交集，指将两个造型相交的部分保留下来，删除不相交的部分。

除了像素绘图和矢量绘图的差别之外，计算机绘图软件的另一个重要概念区别是：能绘制二维平面，还是建立三维立体图。在相同在智机中，我们可以绘制二维图案，如激光切割机，也能制造三维模型的机器，如数控铣床；计算机辅助设计软件程序也划分主要针对二维或三维设计的。在一个三维的计算机辅助设计软件中，我们可以再次绘制一个“Hello World”：

现在对它进行旋转：

然后挤压（extrude）它使之形成三维形式的字母：

我们再次引入一个底座，可以把它视为一个三维的长方形：

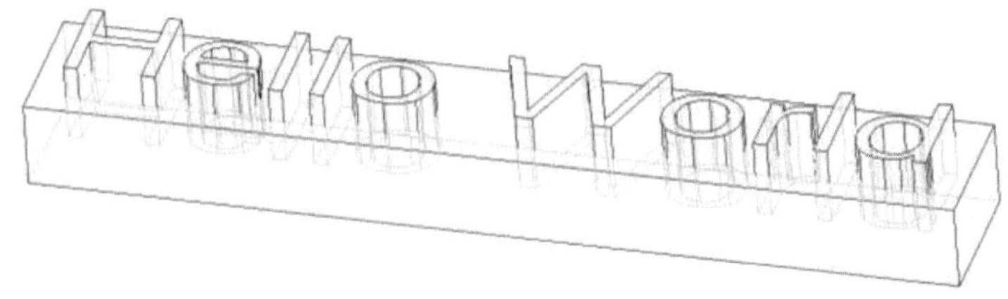

然后使用三维图形布尔运算让两者相融（如下面这组图形中的上图所示）、相减（如下面这组图形中的中图所示）、相交（如下面这组图形中的下图所示）：

为了让最后一幅图的表现更加形象，计算机运用一盏数学模型的灯来模拟光亮和阴影部分，从而“照亮”了立体的“Hello World”。这个处理过程叫作“渲染”（rendering），它是原型设计（prototyping）过程中的一个重要部分。

除了从二维到三维的转变，计算机辅助设计软件真正的辅助还在于提供了能够处理一系列所谓的“参数化”（parametric）的程序。这使得设计中的一些重要部分在后续的修改中变得容易和方便。假设你现在在设计一艘宇宙飞船，每绘制一颗螺母和螺栓，你都需要点上千次的鼠标。当设计完成后，如果你发现这些螺栓不够坚固，无法把飞船固定住，你还得费尽千辛万苦地重新修改每一颗螺栓。但是，如果你定义了一个螺栓原型，将其直径设置为可调参数（adjustable parameter），并在设计中需要螺栓的地方都复制了这个螺栓原型，那么修改原型的直径参数就可以同时改变设计中所有被复制的螺栓。此外，你还可以设置一个叫“螺栓孔”的参数，用来定义螺栓的相互对应关系（associative relationship），即在螺栓周围留出一定的空间，螺母和螺栓便可组合成一个分层装配（hierarchical assembly）模型。当改变螺栓原型的尺寸时，螺栓孔的空间大小也随之变化，同时，这些变动会在设计中所有复制了螺母和螺栓分层装配模型的地方同时完成。

下图是一个参数建型的例子，一块矩形板上有几个圆孔：

这些圆孔是这样被绘制出来的：首先在参数化设计程序中绘制 1 个圆柱体，复制 3 个圆柱体副本，将这些圆柱体分别移动到矩形板的四个角上，然后进行布尔减法运算（Boolean subtraction），在矩形板上减去与 4 个圆孔重合的部分，形成圆柱形孔。因为程序记住了所有的操作和其中所定义的关系，当修改初始圆柱体的直径时，所有圆柱形孔的大小也会自动更新。

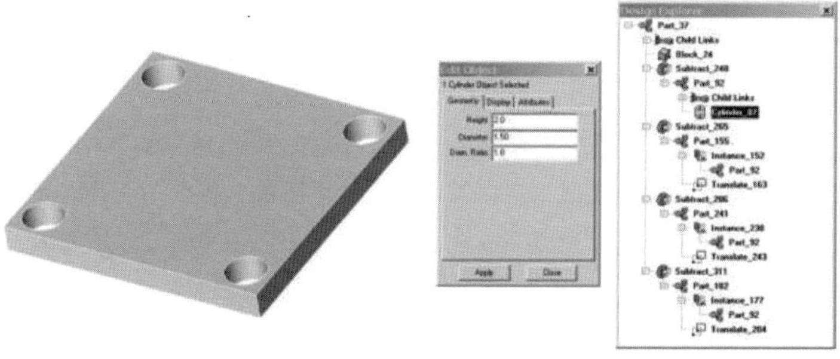

如果你是在前往火星的途中发现宇宙飞船的螺栓不够牢固，这个问题就相当棘手了。所以计算机辅助设计软件的功能也变得越来越强大，不仅可以模拟零部件的外形，还可以模拟它们的行为。利用有限元分析（finite element analysis，FEM）这种数学方法就可以测试设计在几乎所有环境和情况下的反应，如作用力、震动、高温、气流、液态流，以及电场和磁场。如下图所示，在“Hello World”上覆盖一层带点的数学网格（mesh）：

有限元分析会计算在施加作用力的情况下这些点的运动情况，在下面这个例子里，我们看到“Hello World”的中间部分被向上推高了：

图中的阴影部分是经计算后各个局部发生变化的部分（即数学网格上的点发生了位移），阴影部分的颜色越亮，表示点发生的位移越大。有限元分析为零部件中需要变得更坚固的区域提供了定性观察，也为材料在压力大到什么程序时会导致断裂提供了定量信息。上图中，字母“W”的上方区域最有可能是受到破坏的区域。

上文所列举的计算机辅助设计工具虽然不断强化和改进了各种功能，但仍然存在一个严重的缺陷：它们都没有充分发挥人类这个物种在历经几百万年的演变后所得到的优势。我们人类花了大量精力进化出双手，同时搭配以眼睛，在一个三维的世界中熟练地生活和工作，但是这些设计工具的界面通常只需要我们使用一只手处理二维画面（比如在电脑桌面上拖动鼠标）。其实，设计系统的边界是由其用户界面能够捕捉到多少用户想要引入的其他物理性能所决定的。这包括可以控制三维图形视图的把手和滑块，能将用户在现实中手的位置转化成屏幕上的位置从而直接操控计算机模型的数据手套，以及在所有墙面上都可以显示投影的房间，置身其中就像走入了一个计算机模型。其中最有意思的方法是彻底放弃把电脑当作设计工具的想法，回到精致的建模材料本身，比如在配置精良的幼儿园里都有的黏土：

将黏土的图像发送到二维剪切工具中，把字母的轮廓作为符号切割机的刀具路径在铜板上切割字母：

同样的图像素材还可以发送到激光切割机来制成有机玻璃板，或是使用高压水射流切割机制成玻璃板或钢板。此外，通过三维扫描仪可以得到这块黏土的三维“图像”：

扫描仪的右侧有一束激光，投射在黏土表面的激光点可前后移动。扫描仪还有一台相机，用来确认激光束是否被反射回来，通过这些测量便可推测出经激光束扫射后的物体的表面形状。下图为黏土的计算机模型：

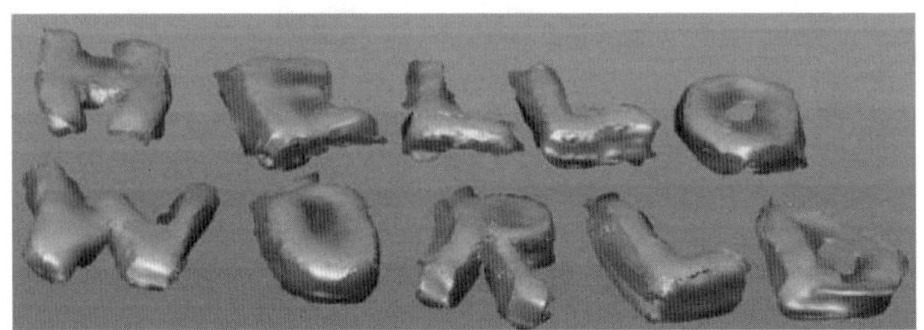

通过数学模型来定义这些图形的难度很大，不过通过三维扫描并导入计算机辅助设计环境后，这些图形就能任意摆布：放大或是缩小，沿着一个曲线进行弯曲，或是运用布尔运算与其他零部件相结合。设计好的模型可以从 3D 打印机或是数控铣床等制造机器输出，通过 CAD 中增加的编辑功能，有效地将黏土转换成塑料或是钢材。运用这种方法，计算机能够辅助设计的开发，但人们仍不会期望计算机成为设计最初时灵感出现的媒介。在这种方式中，计算机只是设计开发的一种辅助性工具，而不是激发最初灵感显现的物体。

因此，没有哪一款计算机辅助设计软件是最佳的。软件设计工具只是诸多设计工具中的一种。不论是硬件还是软件，没有任何单个工具可以完成所有工作、实现所有功能。就像一位技艺精湛的艺术家会被各种颜料和画笔所包围，功能强大的计算机辅助设计工具，也需要使用者启动一系列程序和指令来完成。就像工作台上的这些工具，有帮助我们完成常规工作的那些我们熟悉又喜欢的传统工具、具有特殊用途却又比较少用的程序，以及偶尔为了完成某些特定任务目标而定制的程式。

最终，通用的、可编程的个人智机的发展会推动相应通用的个人数字设计软件的发展。届时，本质上可行，但偶尔会让人抓狂的计算机辅助设计，仍然是个人制造必不可少的部分。

乐享于工作

西摩（Seymour）

孩子和成人对劳动的预期有所不同：前者的劳动目的是为了玩乐，而后者视劳动为工作。二者与技术的关系也是如此：技术为孩子们创造了玩具，而为成人制造了工具。但是孩子们的创造力已然逐渐模糊了玩具和工具发明之间的区别，最终个人智造技术的发展会将玩乐与工作融为一体。把玩乐和工作合二为一，这个想法最初的灵感来源及最早的倡导推动者是西摩·佩伯特（Seymour Papert），他是一位数学家，同时也是一名计算机领域的先驱。

西摩第一次接触计算机是因为一个幸运的意外。他在 20 世纪 50 年代末的一个会议上遇见了被称为“人工智能（Artificial Intelligence, AI）之父”、就职于麻省理工学院的马文·闵斯基（Marvin Minsky）。他们的相遇十分具有纪念意义，虽然在此之前，他们从未听说过彼此，但在这次会议上，他们各自提交的论文在本质上是相同的：探索如何对大脑的思维缘由建立数学模型，而两个人都试图通过抽象出神经元网络的基本特征来解决这个问题。相似的研究方法让他们合著了《感知器》（*Perceptrons*）一书，该书为后人进一步研究神经元网络奠定了基础。这次相见让西摩走上了一条他意想不到的道路，马文则邀请西摩去麻省理工学院发展。

西摩在日内瓦与著名的瑞士心理学家让·皮亚杰（Jean Piaget）共事。皮亚杰清晰地阐述了“建构主义”（constructivist）学习路径，他认为儿童在实验过程中学到的东西会比重复背诵学到的东西多得多。当孩子们在进行一个又一个实验时，他们真的就像小科学家一样，身上散发出一种值得赞赏的特质，这是在那些呆板又传统的学校课堂上训练不出来的。

1963 年，西摩来到麻省理工学院，他希望在此能够研发出更好的人工智能模型来扩展自己的理论研究。当西摩赴约来会见马文时，马文人却不在，而且没有任何迹象显示马文当天会出现（后来知道是马文记错了他们初次会面的日期）。因为这次偶然的失约，却给西摩提供了一个机会，他独自坐在一间里面放着一台外形古怪的机器的房间，而这台机器正就是人类历史上的第一台小型计算机——美国数字设备公司（Digital Equipment Corporation，DEC）的 PDP-1 系列 2。它是早期实验性的 TX-2 计算机的商业化后代机，由美国 DEC 公司与麻省理工学院合作研发而成。作为许可交易的一部分，DEC 公司同意给麻省理工学院提供一台 PDP-1 的样品机使用。

计算机在当时那个发展阶段，即使是使用大型计算机 1 个小时，商业价值也是很高的。可是类似 PDP-1 一类的小型计算机，在当时却因没有使用需求而被闲置，没人知道如何更好地使用它。当我们需要运营财务系统或跟踪库存时，大型计算机才会变得宝贵，可是对个人来讲，谁会想在空闲时间做这些事呢?

那天，西摩在等马文时待的那个房间就有一台小型计算机，而马文又不在，于是他开始拨弄计算机来打发时间。他通过学习如何编程，随机生成光点图形，造成视错觉（optical illusion），以此来研究人类的运作感知系统是如何运作的。西摩成功了，他脑洞大开，也因此发现了一种更大的可能性：计算机所具备的可编程性，让他发现了一个适合孩子们玩耍的终极沙盘游戏。如果孩子们可以像西摩一样有机会摆弄 PDP-1 这样的机器，那他们在处理抽像概念时就如同捏一块黏土一样易如反掌了。

为了实现这个愿望，西摩需要解决两个问题。第一，当时他用 PDP 的机器语言进行编程。我们将在下一章将讨论计算语言问题，到时候你会发现计算机语言有多么不友好。西摩需要开发出一种孩子和计算机都能理解的语言。当时，LISP[1]是麻省理工学院的计算机科学家们的新选择。我从书写本书的 Emacs 编辑器[2]中截取了一段 LISP 代码，如下：

```
    (if (= (car n) 0)
(cons 0 s )
     (cons 1 (cond
           ((not (listp (cdr n)))
            (list 'vconcat (cdr n)))
           ((eq (nth 1 n) 'list)
            (cons 'vector (nthcdr 2 n)))
           ((eq (nth 1 n) 'append)
            (cons 'vconcat (nthcdr 2 n)))
           (t
            (list 'apply '(function vector) (cdr n))))))))
```

对于除了计算机科学家之外的任何人来说，包括我，这种语言简直就是一门外语。但 LISP 建立在精致的程序模型之上，可以运行一系列数据，西摩抓住这个本质，从而开发了面向儿童的 LOGO 语言[3]。LOGO 的工作方式类似 LISP，但不同的是，LOGO 由文字而非代码书写，是普通人能看懂的语言。

第二个问题便是要让孩子们也能接触到电脑，可是问题是 PDP-1 在当时都还未上市。西摩就利用当时计算机最新开发出来的——“多项任务同时处理功能”来解决这一问题。分时共享（time-sharing）让计算机能在多个用户的程序中切换，并实时反馈给其中任何一个用户，这使得远程用户也可以在他们的教室通过拨号进入麻省理工学院来执行一项程

---

1. 译者注：LISP 是一种通用高级计算机程序语言，长期以来垄断人工智能领域的应用。LISP 作为因应人工智能而设计的语言，是第一个声明式系内函数式程序设计语言，有别于命令式系内过程式的 C、Fortran 和面向对象的 Java、C# 等结构化程序设计语言。
LISP 名称源自列表处理（LISt Processing）的英语缩写，由来自麻省理工学院的人工智能研究先驱约翰·麦卡锡（John McCarthy）在 1958 年基于演算所创造，采用抽象数据列表与递归作符号演算来衍生人工智能。

---

2. 译者注：Emacs，即编辑器宏（Editor MACroS）的缩写，最初由理查德·马修·斯托曼（Richard Stallman）于 1975 年在麻省理工学院与盖·斯蒂勒（Guy Steele）共同完成。作者运用了此编辑器写下了此书。

---

3. 译者注：LOGO 语言创始于 1968 年，是美国国家科学基金会所资助的一项专案研究，在 MIT 的人工智能研究室完成。

序操作。当时，这一想法的实现要比听起来困难得多。不过值得庆幸的是，那时已经有了每秒数据传送量在 300 比特的“高速”电话调制解调器（“high-speed” telephone modems，如今电缆调制解调器的传输速率高达每秒数百万比特）。

西摩进行了一项实验：他将波士顿市中心一间教室中的孩子们和远程计算机做连线，这项实验在年龄较大的孩子们中效果很好。这样一来，原本西摩自己开发各种各样的人工智能模型的计划，就可以让孩子们和他一起来完成了。孩子们用 LOGO 语言来探索计算机是如何反馈他们为它编写的规则或程序的，这就像麻省理工学院的人工智能研究人员使用 LISP 一样。不过这对于小学五年级以下的孩子来说太过抽象。西摩还是希望能给学生们提供一台能与计算机互动的物理设备，因为物理操作对小孩子的学习十分重要。

早期人工智能研究的一项重要产品是“乌龟”机器人：一只由电子

◇ 学习使用“乌龟”机器人

神经系统控制的小型汽车。西摩则研发了一只可以连接到远程计算机的“乌龟”机器人，计算机的输出指令可以指挥“乌龟”机器人移动，并对周围的环境做出反映的。之后，其他一系列的物理界面也被研发出来，包括一盒控制按钮和一个可读出卡片指令的阅读器（后者是当时智力过人的本科生丹尼·希利斯（Danny Hillis）研发的，他后来成为一位卓越的超级计算机设计工程师）。

这些功能远远超出了当时传统的计算机企业用户的实际要求。很多年之后，当鼠标、手写笔、打印机以及其他电脑输入输出设备被研发出来后，企业用户们才能真正体会到这种计算机的实时交互功能。而对孩子们来说，当计算机发展到可以把“乌龟”机器人“移动到”电脑屏幕上，变成矢量图案时（大约在 1970 年），他们在实物硬件上的创新才算告一段落。虽然，计算机绘制的乌龟不像现实中一只真正的乌龟或人造乌龟那么栩栩如生，但是这个发明让每一个计算机用户，都能用 LOGO 语言进行编程。从小型计算机到新兴的个人电脑，从德州仪器 TI-99 图形计算器到雅达利 400 型电脑（Atari 400）、苹果 II 电脑（Apple II）、IBM 个人电脑，LOGO 语言不断被更新、升级。

当这一切都在有条不紊地进行时，多亏了 BBC 的报道，我们迎来了一位新的合作者——乐高（LEGO）。当时乐高的老板哥特弗雷德·基尔克·克里斯蒂安森（Godtfred Kirk Kristiansen）看到了一篇 BBC 关于“乌龟”机器人的报道，据说他当时脱口而出：“嘿，有人和我们想的一样呢！”当时，乐高还不是现在这样一个世界级品牌。乐高由哥特弗雷德的祖父奥勒·基尔克·克里斯蒂安森（Ole Kirk Christiansen）创办。20 世纪 30 年代，奥勒是一位失业的木匠，他在丹麦靠制作木制玩具勉强为生。第二次世界大战结束后，奥勒因为依旧特别喜欢制造玩具而决定重操旧业。奥勒的成果之一就是一辆木制卡车。在可塑塑料出现后，他用这些材料制成砖块，小孩们就可以玩装载卡车的游戏。卡车瞬间售罄，但是人们购买卡车是为了车上的那些塑料砖，它们可比卡车有趣得多了。接下就是乐高的商业发展历史了。

◇ 操作计算机

◇ 可程序化积木

如果一台计算机可以连接到“乌龟”机器人上，那也可以连接到乐高积木上，这样孩子们就可以在他们制造的实体模型上，再为玩具添加一些其他的功能和行为了。在麻省理工学院，西摩的后续者在米奇·雷斯尼克（Mitch Resnick）的领导下，和乐高一起合作（当时乐高已经是哥特弗雷德的儿子基耶尔·基尔克·克里斯蒂安森（KjeldKirk Kristiansen）在经营）开发针对乐高的传感器输入设备，以及可以在个人电脑里对乐高玩具进行 LOGO 语言编程的电动马达。这项研发极具前景，不过想这样玩乐高积木，还必须有一台台式计算机。

与此同时，电脑的运算演化也在继续，从操控个人电脑的微处理器到尺寸更小的单控制器芯片（microcontroller chips，单控制器芯片就像一台简单的独立计算机，可以内嵌在产品之中）。米奇和他的同事弗雷德·马丁（Fred Martin）、布莱恩·西尔弗曼（Brian Silverman）以及兰迪·萨金特（Randy Sargent）利用微控制器研发出一款 LEGO/LOGO 控制器，其大小和小孩玩的木块差不多。这成为乐高“头脑风暴”（Mindstorms，该名字灵感来源于西摩写的一本书）机器人的机械结构套装（robotic construction kit）的模型。这一群人和巴赫提亚尔·米卡卡（Bakhtiar Mikhak）、罗比·贝格（Robbie Berg）一起继续推进这项研发，他们希望将控制器的尺寸缩小到一块乐高积木那么小。

孩子们喜欢这些常常让他们出其不意的玩法。在早期的一项测试中，波士顿市中心一个四年级男生能快速地掌握这些可以编程的积木，并用它们造出各种小车。女生对这些可编程积木倒不是那么感兴趣，她们坚持选择原始的积木来搭建房子。但是她们在时刻观察着男生，在搭建的房子中小心地添加一些零件，比如能开关的灯。然后她们开始对灯进行编程，由此开始创造一些类似机器人的部件。孩子们对这些玩具非常着迷，他们并没有意识到自己其实正在学习如何设计工程的控制系统。

大卫（David）

1999 年，我写了一本名为《当物品开始思考》（*When Things Start to Think*）的书，书中讨论了当时的新兴科技，揭示了当计算概念从传统的计算机进入到日常生活的方方面面（如乐高玩具、鞋子、家具等）的时候给人类带来的影响。我收到了来自有经验的工程师们内容非常详实的信件，这让我受宠若惊。他们在信中和我讨论了他们过去、现在、以及将要开始的发明，有的非常实用，有的则几乎不可能完成。其中一封写得特别好，在诸多信件中脱颖而出。信的内容从对这本书的深度批判开始，紧接着却转到了出人意料的方向：

> 真或假：
>
> 在 2045 年，一辆校车将会：
>
> A. 配置传感器控制的陀螺仪稳定器。
>
> B. 能探测到交通违规者和他们的名字，并向司机反馈。
>
> C. 配置能够用思维控制的车窗。
>
> D. 能在内存中存储常去的目的地（例如本地的学校），并自动驾驶校车前往那些地方（这是一辆自动驾驶汽车呢！）。

我被这封信的内容所吸引，带着强烈的好奇心和兴趣，又有些许困惑，我继续阅读试图找到一些结论，比如“未来之未来是光明的。”当我看到属名时简直就要从凳子上跌下来了：“诚挚的，大卫（刚满 8 岁，即将念九年级）”。虽然不确定这是真实的情况还是一个恶作剧，我还是尝试着回复了他，然后立刻收到了大卫的妈妈雅典娜（Athena）长达 7 页的回信。回信的内容简单说起来就是在“求助！！！”她在家教育大卫，因为一般的学校无法跟上大卫的想法。大卫确确实实只有 8 岁，而她的问题就是大卫已经可以上大学了，但她不知道该为他做些什么。

我和大卫还有雅典娜之间开始了有趣的信件往来。通信中我了解到，大卫一直在存钱，想要购买乐高头脑风暴套装，他想要发明创造的愿望远远超过了当时他能实现愿望的能力。我送给他一套乐高头脑风暴套装，他迅速地沉浸在这套玩具里，熟练地操作它们，并在他的项目中运用起来。

◇ 茶的科技

同年，当白宫要求我为千禧年庆祝活动组织一次以“未来的科学与技术”为题的会时，我再次想到了大卫。如果我们的孩子决定了我们的未来，孩子们的发明则决定了科技的未来，那么有谁会比一个 8 岁的孩子更适合对未来的科技做一个构思呢？于是我让大卫也参与到这次会议中，与会的还有比他大得多的学生，以及成年的科学家们。然而这却是我无意中犯下的一个糟糕的错误。

从实时原子操纵，到嵌入式智能纸张、衣物和家具等，各种各样让人印象深刻的技术在会议上展出。大卫带来了用乐高头脑风暴套装为他妈妈特制的小发明，这个发明是为了消除妈妈因为茶温过热或过凉所产生的顾虑。为了确保茶的温度刚刚好，他在发明的机器注入冷水，再搅动茶叶降温，当温度达到理想温度时便发出声音。

我所犯的错误便是没把大卫放在整个环节的结尾：他让整个展示环节在他那卡住了。他的展现充满智慧，富有意义，目的明确，又生动有趣。在他之后，其他人很难再去展示些什么。他用他的茶水服务机抛砖引玉，讨论了随着科技的发展，如何让工具更具人性化，以及如何通过提出与解决个人最迫切的问题，从而更好地满足社会需求。未来之未来掌握在像大卫这些年轻的发明家手中，确实是光明的。

肯（Ken）

当乐高开始出售头脑风暴机器人时，最大的惊喜则来自于那些购买者。所有带着头脑风暴机器人套装离开玩具店的大人中，大约有一半的其实是为他们自己而不是孩子购买。工程师们在大型的工程项目中，可能做的只是一颗小小螺丝钉般的细碎的事情，因此当他们有机会来亲自建造整个系统时，就会被深深地吸引住。更让人惊喜的是，工程师们玩头脑风暴机器人不仅仅是因为有趣。在我拜访一位刚刚获得诺贝尔奖的同事时，我第一次意识到了这一点。当时这个同事正在实验室里做实验，他高兴地将乐高机器人的零部件组装到一个控制系统中，作为他最新实验的一部分。

同样的事也在麻省理工学院发生，大人们利用为孩子们开发的科技玩具作为重要工具。其中一位是肯·保罗（Ken Paul），他是一名来自美国邮政局（United States Postal Service，USPS）的程序工程师。肯驻扎在麻省理工学院的校园里，调研哪些最新的研究成果可以应用到邮政系统中，比如在信封加上一个无线标签，从而可以更好地设计送信路径。

当肯·保罗开始他的事业时，他表现得有点像那些在教室里第一次接触到计算机化的积木的女孩子一样。女孩们先是小心翼翼地观察男孩的一举一动，然后在自己搭建的玩具房屋中慢慢加入一些智能模块。肯也在观察着孩子们摆玩由米奇、巴赫蒂亚尔及其同事开发的新一代计算机化积木，他发现孩子们玩的这些玩具比他进行的研究有趣得多。在经过认真思考后，他好奇这些智能玩具是否能有助于为那些价值高达数十亿美元的基础设施建立模型。

美国邮政局的运营规模非常之大，以至于在其收购与运营的预算中，资助一项学术研究和开启一项大规模部署之间存在着巨大的差异。将一个足球场大小的邮件分拣设施（mail sorting facility）扫描制成原型，以此为基础再评估和优化，这种做法几乎是不可能的，所以建造这么一个设施需要极大的信念。当然不是没有办法，除非这个足球场大小的设施能够被摆在桌面上。肯开始在麻省理工学院和巴赫蒂亚尔·米卡卡、蒂姆·戈顿（Tim Gorton）合作，制造这些大型机械设备的乐高尺寸模型。虽然它们看起来像是玩具，但却是根据它们实际对应的机器的规则运转的。

肯沉醉其中。随着项目的推进，我们有些许担忧，于是计划去一趟

◇ 认真工作

华盛顿特区，向美国邮政局的管理层展示一下项目。肯担心，在他用那些玩具进行展示时，管理层可能会认为这个项目处理得太过轻率了。

我们一行人抵达华盛顿，来到美国邮政局的行政会议室，搭建起肯的系统。管理人员陆续到达会议室，表情严肃。所有人看到会议室装扮得像个玩具屋时都扬起了眉毛。而当肯解释他的系统并做了演示后，他们都瞪大了眼睛。每天都得花时间接收一叠又一叠厚厚的报告的管理者们问，他们自己是否也可以使用桌面原型系统来进行假设情景分析（what if scenarios），而不需要再高薪聘请咨询师了。

肯这次展示的重要性远远超过了当时他启动这个项目想要解决的邮件处理应用程序问题。就像电子表格能让用户制作出资金流动的模型而成为个人电脑的杀手级应用软件，计算机化的积木玩具能够让美国邮政局的管理者们为产品和信息建立一个实体流动模型。企业经营者和孩子们一样都喜欢手动的操作界面，在发出行为后马上收到反馈，以及和团队合作、解决问题。技术在用于严肃工作和认真玩乐之间，差异微乎其微。其实，将技术运用于认真工作或尽情玩乐，其中的差异微乎其微。

艾米（Amy）

艾米·孙（Amy Sun）是一位备受青睐的国防工程师，负责政府机构重要的地球和空间项目的关键工作。在日常工作之外，她的最大兴趣爱好就是引导孩子们参与科学和技术相关的活动，例如协助学校开展推广项目，为机器人对抗大赛制造战斗机器人等。我们相识在 2002 年，那年她和我的同事艾克·庄（Ike Chuang）教授、CBA 的项目经理雪莉·拉斯特（Sherry Lassiter）以及麻省理工学院本科生卡洛琳·麦肯尼斯（Caroline McEnnis）一起在印度卡尔贝格（Kalbag）的科学会堂（Vigyan Ashram）设立第一所实地“数制”工坊实验室（Vigyan Ashram 是一所偏远的理科学校，我们将在“理解”这一章节中详细阐述）。

在艾米前往印度前，麻省理工学院要求她多停留一段时间做好一切准备。遵循着麻省理工学院访问学生的优良传统，她迅速地接管了实验室。艾米快速掌握了更大型的校园版桌面快速成型工具，并运用这些工具制造这个项目所需的零部件等等。她决定在此次行程结束后要成为麻省理工学院的研究生，这个决定更像是一个简单的声明而不是一个繁复的问题：考虑到自己的能力与兴趣是如此地匹配，她认为（这个判断也是非常正确的）麻省理工学院的申请手续只是一个细节问题。

为了完成项目而造成了一些耽搁，艾米不得不中断了先前成为麻省理工学院学生的人生计划。大概完成了她在校园里的研究成果（即将乐高积木缩小到 1 微米以组装成微型三维结构）后，艾米迅速回到组建“数制”工坊的队伍中，于 2003 年抵达波士顿梅尔·金（Mel King）的南端技术中心（在“成长中的发明家”这一章有详细阐述），帮忙启动实验室，随后在 2004 年帮助加纳的塔科拉迪技术学院（Takoradi Technical Institute）设立一个“数制”工坊。

艾米抵达非洲时着实引起一阵轰动，一个典型的评论称赞到：“这是一位神奇的女士，她凭一己之力创制了所有项目所需的硬件！”她俨然成为一个伟大工程师榜样，甚至于有实验室的男生问了她从未被问过的问题：“麻省理工学院是一所女子学院吗？他们会招男生吗？”

在非洲，艾米培训“数制”工坊用户的第一堂课，是教他们运用激光切割机制造拼图，并组装成几何形状。这原本是学生们的热身课程，不过也给老师们上了一课：那些来自街头的儿童们在实验里制作和组装拼图的速度远远快过年龄较大的学生或是成年人！

颇具讽刺意味的是，在课程进行过程中，一位较年长的在校老师却质疑，为什么要把“数制”工坊的高科技工具浪费在这些小孩子身上。而当他见识到孩子们掌握工具和发明创造的能力时，他惊讶得目瞪口呆。没过多久，当地一位教士便劝诫当地人回家进行斋戒和祈祷，因为“《圣经》告诉我们，我们应该告诉孩子要成为对的人，但我们却把他们推开彼此，保持距离。”让他惊讶的是，“数制”工坊里那些珍贵资源均可以和孩子们分享，而不是束之高阁保护起来。这是一门实验室里每个年龄段的孩子都能容易理解的课程，一个座位通常放满了 10 个按钮，男女老少挤成一团来共享一个工具，他们自然地进行合作，并互相教学。

◇ 技术教学

◇ 解决问题小能手

随着“数制”工坊实验室的活动作为教堂里的教材，进展到解决现实生活中的问题，在这过程中遇到的挑战也越来越大。其中一个我们急需优先解决的是加纳实验室的太阳能项目。他们尝试研发一个可以直接利用阳光中丰富的太阳能，而不是需要先将太阳能转换成电能的机器，后者不仅成本大而且效率低。这样的太阳能集热器不仅要比实验室中的切割工具，也比实验室本身尺度还要庞大。不过，一台机器如何能制造出比它自身还要大的东西呢?

要寻找到这个问题的答案，这可以追溯到西摩·帕尔特的“乌龟”机器人身上。“数制”工坊可以制造一辆可移动的、由计算机控制的汽车，小车可以驾驶在使用的材料上，比如在车尾绑定一支铅笔可以在材料上描绘出精确的图形，之后再利用简易的手工工具进行裁剪。最早的“乌龟”机器人可以提供图形反馈，这比计算机能够胜任图形回馈早了很多。新型的“乌龟”机器人应该也要拥有相同的智造功能。于是，开发“乌龟”机器人的设计项目迅速启动，这在“数制”工坊中是可以实现的。

解决绘制大型结构的实际需求也算是实现了西摩·帕尔特最初的一个梦想。西摩曾兴奋地将计算机和控制器带到教室去，而当时的孩子们却尚未有能力去改变物理外形，他说，这像一根肉刺一样深深地刺痛了他。“乌龟”机器人虽然可提供计算机输出功能，但其自身的外形却无法改变。“乌龟”机器人固定的外形严重地禁锢了孩子们对于发明物物理外形的想象力。

如今在“数制”工坊实验室制造一个“乌龟”机器人已成为一项重要的技术应用，因为它可以制造出比实验室本身还要庞大的结构。“乌龟”机器人关系到制造大型太阳能集热器，进而可以影响到全球能源经济。不过，一个 DIY 的“乌龟”机器人的重要性更体现在其打破了使用和制造技术工具之间的鸿沟。这就像生物界中的一只真实的乌龟，一旦它可以自行“设计”，那么它就会演化成许多不同品种。这一发明创造的原始启发，可能是来自于玩乐，也可能是为了工作，更好的是同时兼顾玩乐和工作，因为一个人就可以完成发明创造，而不是等一个组织去磨合判断后再进行操作，关于这点我想实在没有必要去说明其中的差别。

计算

前面的章节介绍了几类制作物质外形的工具：设计、切割以及打印三维结构的工具。这一章节我们将介绍逻辑功能的创建，一种在无生命的物质中植入生气的智能行动。这就需要为设计对象嵌入一个定义其行为的程序工具，为对象设计一种通过程序做出动作及反馈的可能。

微控制器是让嵌入式智能可行的关键部分。它与个人电脑的“心脏”——微处理器不同；准确地说，微处理器更像是个人电脑的大脑；或者再详细一些，微处理器就是大脑中的前额皮质，那是我们批判性思维产生的部位。和主机相比，微处理器只是一个小型的信息处理装置。它所能做的便是思考，除此之外，它还需要其他部件进行存储、通信和交互。没有个人电脑的躯干为它提供输入和输出反馈，微处理器就只是一个无用的大脑。

与微处理器比起来，微控制器则更像一只昆虫。如果把一只蚂蚁的基本神经系统称为“大脑”就略显夸张了，其实蚂蚁的智力分散在它躯体的各个部分，而不只是集中在某一处进行抽象思维过程。蚂蚁的神经系统与器官紧密结合，这样能有效地处理一系列静态的回应。这套固定的程序让一只单独的蚂蚁的适应性并不那么优良，不过在它力所能及的范围内，它的表现还是极佳的。我怀疑如果自己是一只工蚁是否能熬过第一天的工作，因为我深知自己的智商会需要太多的监督、中断休息，并且会很快对收集面包屑失去兴趣。

微控制器比微处理器小得多，也实惠得多；尽管更小但功能却更强大。除了计算机核心处理器，微控制器还作为各种程序的永久性储存，连接着电脑输入输出设备的模拟信号转换器和数字信号转换器，实时应用的计时器，以及外部通信的控制器。因为微处理器不像专用芯片那样能完成上述的其中任何一项功能，而上述所有的功能都可以被整合在一个微小的、成本为 1 美元的包装里。

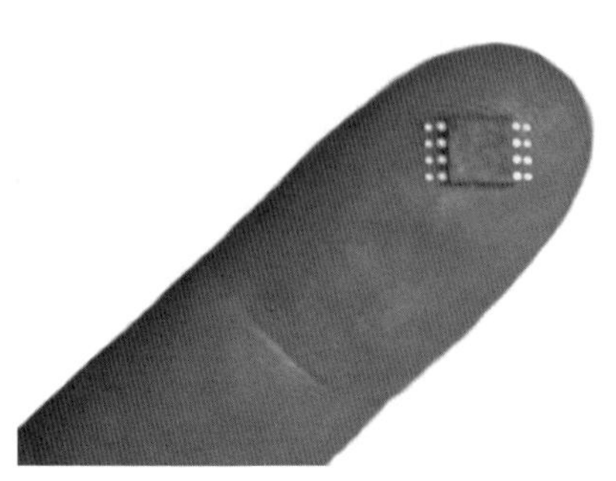

也许在将来的某一天，我们可以使用电子墨水的打印机直接打印微控制器（在“增材制造”这一章节中有详细介绍）。而在短期内，微控制器早已非常接近于像打印墨水一样的消耗品。正是由于微控制器如此的廉价、灵活，又易于插入或附着在任何物体上，他们可以用作快速成型的原材料。

微小的微控制器如此强大的原因正是在于它的速度。最快速的微控制器是以精简指令集计算机（Reduced Instruction-Set Computer，RISC）设计为基础的，这并不意味着它们会有风险[1]。任何一台计算机都有一套其自身可以理解的指令，而一台普通的计算机就有成千上万的指令，需要诸多操作和时间来转换它们。但是在 RISC 处理器中，这些指令列表被缩减到几个最为必要的指令，这简化了硬件，同时只需数字钟的一个单循环周期就能执行任何一个指令。

这意味着，即使是相当常见的 RISC 微控制器执行指令的时间也快过于一百万分之一秒（即 1 微秒）。这一点尤为重要，因为它比你寄希望于能够处理众多事项的微处理器快得多。人类可感知到的最短的时间大概为一百分之一秒，这比一个普通的微控制器时钟速度慢一万倍。这

1. 译者注：RISC 与 risk 同音，risk 的中文意义就是冒险。

就意味着即使正在运作一万多个指令，微控制器也能瞬间做出反应。你最爱的唱片发出的声波，或者电话调制器使用的信号，每秒钟会变化成千上万次，这样的速度仍然比微处理器慢一百倍。即使是无线电、视频显示器或者是数据网络中使用的最高速的信号，其速度还是慢于微处理器。所以，上述这些不同的功能：音频、视频、通信、用户界面等，都不需要专用电路来处理，一个简单的万能微处理器就能搞定。

为了展示微处理器的工作原理，我先将“你好，世界”的英文“Hello World”字样发送到台式计算机，再利用微处理器制造出来。第一步，画一个电路图，展示所有必要元件的连接方式。任何绘图程序都可以画电路图，不过我们通常会使用专门的绘制电路原理图的程序。不同于一般的绘图工具，绘制原理图的程序能时刻追踪通用元件（available components）及其连接方式，即使元件在设计图中被移动，它们的连接方式仍然被保存下来。而且原理图程序还有助于发现那些被错误连接在一起的不相容的接脚（pins）。

下图就是“hello-world”电路的原理图：

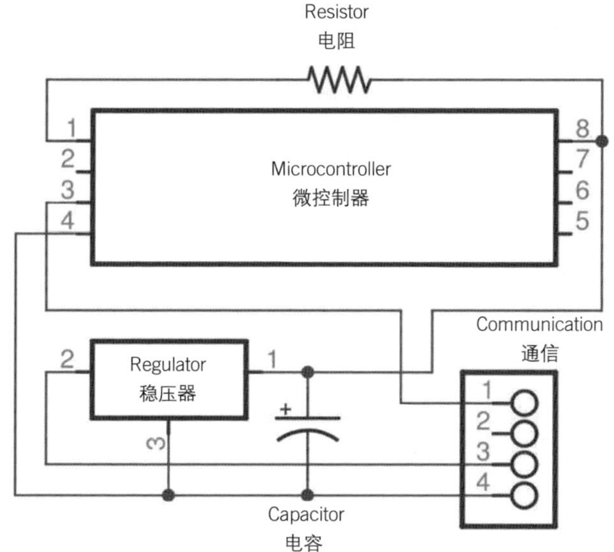

因为微控制器只需很小的电流，约 1 毫安即可运行，因此上图中的电路使用了一个小技巧避免了电路中的电源需求：它“窃取”了电源。计算机通信接口（计算机通信将在“通信”这一章节中讨论）有一根电线用于发送数据，另一根电线用于发出发送指令在数据可发送时下达发送指令，后者称之为“数据终端就绪”（data terminal ready，DTR）。启动 DTR 线既能提供电能又能输送数据，一根普通的 DTR 线可输出电流约为 10 毫安。在这个“hello-world”电路中，稳压器能够将启动 DTR 线所产生的电流转换成稳定的电流提供给处理器。电路中的其他元件，如平稳电源的波动电容器，启动处理器后使其持续运转的电阻器，和用于连接通信电缆的连接器。

电路制作的第二步是运用其他程序为元件的实际摆放布线。这得从绘制原理图程序中杂乱无章的元件连接开始，它们看起来就像一个“老鼠窝”。我们会根据电路板所需的布局以及元件的尺寸和连接方式的要求进行布线，之后“老鼠窝”就会变得井井有条了。

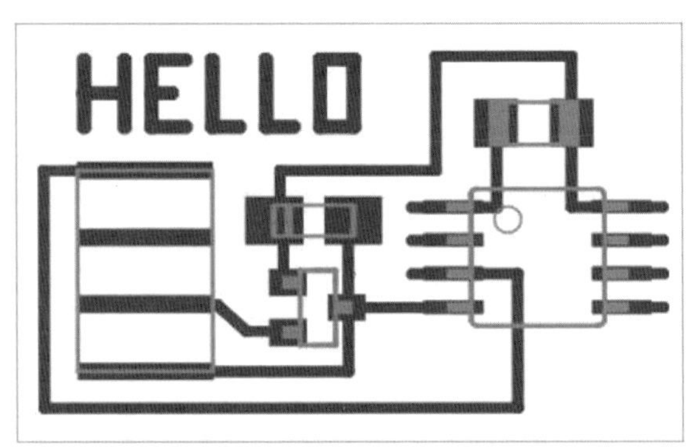

为了让这个设计更加美观，我们还可以用线路摆布出单词“HELLO”的形状。

这些布线之后会变成所谓的印刷电路板（printed circuit board，PCB）， 不过通常这样的电路板都是通过刻蚀而不是印刷而成的。最常见的印刷电路板工业生产过程是利用光学掩膜在镀铜的导电膜层上，电路设计变成图像曝光到掩膜上，未被曝光的膜层被清洗掉；然后把板子浸泡在化学溶液中，没有膜层保护的镀层在化学腐蚀下被洗掉，保留下来铜镀层就是设计稿中的线路图案；绝缘板的顶端就是这个刻蚀好的铜镀层。对于更加复杂的电路，这些工序会重复十多次，将多个单层印刷电路板制成多层印刷板（multilayer boards）。工业生产也有直接打印出电路的工序，无需曝光、刻蚀电路板，不过由于这样的工艺需要昂贵的材料，比如能够直接打印出导体（导体对于保持电子产品良好的性能至关重要）的银墨，但是工业生产过程中使用得比较少。

为了避免实验室在本地制造时产生的化学废料引发一场全球革命，实验室使用了减材加工工艺代替化学刻蚀工艺。一台并不昂贵的高分辨率桌面铣床便可以机械去除电路外围的铜膜。比起能同时去除所有多余的铜膜的刻蚀法，按顺序按照刀具路径切割的铣床的切割速度要慢得多，但这种工艺的最大优点就在于它唯一的废料是少量被除掉的材料，而且既可以不断重复加工同样的设计，也能够轻而易举地使每次制成的电路板都是独一无二的。

如果电路需要变得更灵活，比如直接安装到其他物体上，那么可以使用刻字机（vinyl cutter）切出电路板薄膜，再粘贴到硬质基板上。

不管电路板制作过程如何，下一步需要把元件安置在上面。有两种用于制造电子电路的元件：其一是利用引脚穿过电路板的穿孔而嵌在电路板上的“穿孔”（through-hole）元件；另一种则是直接贴在电路表面的“表面贴装”（surface-mount）元件；后者更为新颖，尺寸更小，价格也更便宜。他们简化了电路的制造，除了某些安装孔有必须使用的引脚外，表面贴片元件正在代替穿孔元件。通常表面贴装元件的连接间隙为 1.56 毫米，使用铣床上约 0.396 毫米的端铣刀就能轻而易举地削掉铜，制成更加精细的焊盘和电路路径。

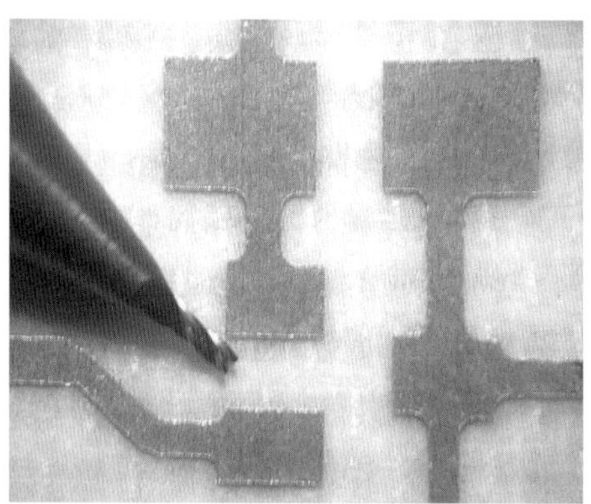

安置元件的过程叫做“填充电路板”（Stuffing）。在批量生产中，这个过程则由“取放”机器（pick-and-place machines）完成。高速机器手臂将元件从卷轴上取下，利用熔化的焊膏将元件贴附在电路板上，完成连接。取放机器虽然速度快，但价格昂贵，组装前还需要进行大量设置。不过有一种方法无需取放机器，就是通过手工来焊接表面贴装元件。

电路板完成元件填充后，下一步需要编写程序来指导微控制器向我们说出“hello world”。程序员在计算机上编程的工作量各异，编程的结果也有多种。最极端的情况是，程序可以如下所示那样简单：

```
while True:
  print 'hello world'
```

这是用我最青睐的高阶语言 Python[1] 编写的。程序行“当正确时”（while True）表示，下一个程序行设定的指令会一直重复执行直到计算机坏掉，程序行“打印‘hello world’”（“print‘hello world’）就是被执行的指令。当程序运行起来时，它就会不断地打印出文字“hello world”。

这段程序编写起来容易，但让计算机运行起来却不简单。Python 是一种解释型语言（interpreted language），实际运行时，需要另一个程序将 Python 语言转换成计算机可以理解的更低阶的指令。为了完成上述过程，计算机需要更多的存储空间来翻译程序语言（即翻译 Python 语言）和翻译机器语言（即翻译“hello world”程序），同时计算机的

1. 译者注：Python 是一种面向对象、解释型计算机程序的设计语言，由 Guido van Rossum 于 1989 年发明，第一个公开发行版发行于 1991 年。Python 语法简洁清晰，特色之一是强制用空白符（white space）作为语句缩进。Python 具有丰富和强大的库。它常被昵称为胶水语言，能够把用其他语言制作的各种模块（尤其是 C/C++）很轻松地联结在一起。常见的一种应用情形是，使用 Python 快速生成程序的原型（有时甚至是程序的最终界面），然后对其中有特别要求的部分，用更合适的语言改写，比如 3D 游戏中的图形渲染模块，性能要求特别高，就可以用 C/C++ 重写，而后封装为 Python 可以调用的扩展类库。需要注意的是在使用扩展类库时可能需要考虑平台问题，某些可能不提供跨平台的实现。

运行速度会因为翻译和解读占用了时间而减慢。不过，已有编写好的翻译器（interpreters），尤其是针对 LOGO 语言和 BASIC 语言[1]的，即使是最小的微控制器都可以使用。

如果程序中使用的是较低级的编译型语言（compiled language），则无需另外的翻译器。编译型语言将计算机的部分工作转移到了程序员身上。一个名为编译（compiler）的程序，能将程序语言转换成无需其它程序的情况下计算机就直接运行的指令（即直接将程序语言翻译成机器语言）。理论上看，用解释型语言编写的程序可以被编译，反之亦然，用编译型语言编写的程序也可以被解释。但实际情况并非如此，编译型语言的结构比解释语言的结构稍微紧密一些，在计算机看来（不考虑程序员），翻译编译型语言更容易一些。

下面是用编译型语言 C 语言[2]编写的“hello world”程序（之所以叫 C 语言是因为它是由 B 语言发展而来的）：

```
main() {
  while (1) {
printf("hello world\n");
    }
  }
```

这里用数字 1 代替了“真”（True），因为 1 和 0 是计算机表示概念的方法。语句中运用“main()”指令是因为在更复杂的程序中，主程序之后可能需要其他子程序。C 语言编译器存在并广泛运用于几乎所有的微控制器。

1. 译者注：BASIC 语言是由达特茅斯学院（Dartmouth）的约翰 · 凯米尼（John G. Kemeny）与托玛斯 · 克兹（Thomas E. Kurtz）两位教授于 20 世纪 60 年代中期所创。由于立意甚佳，BASIC 语言简单、易学的基本特性，很快地就普遍流行起来，几乎所有小型、微型及家用电脑，甚至部分大型电脑，都有提供使用者以此种语言撰写程式。在微电脑方面，则因为 BASIC 语言可配合微电脑操作功能的充分发挥，使得 BASIC 早已成为微电脑的主要语言之一。

2. 译者注：C 语言是一门通用计算机编程语言，应用广泛。C 语言的设计目标是提供一种能以简易的方式编译、处理低级存储器、产生少量的机器码以及不需要任何运行环境支持便能运行的编程语言。尽管 C 语言提供了许多低级处理的功能，但仍然保持着良好跨平台的特性，以一个标准规格写出的 C 语言程序可在许多电脑平台上进行编译，甚至包含一些嵌入式处理器（单片机或称 MCU）以及超级电脑等作业平台。20 世纪 80 年代，为了避免各开发厂商用的 C 语言语法产生差异，由美国国家标准局为 C 语言订定了一套完整的国际标准语法，称为 ANSI C，作为 C 语言最初的标准。

用 C 语言编写的“hello world”程序和在微控制器上实际运行的还是相差甚远。每个系列的微控制器都有一套自己能理解的指令。每一条“操作代码”（op-codes）相当于微控制器可以进行的原始操作，例如加入两个数字，开启或关闭一个引脚，或是在存储单元中移动一个值。编译器的任务是将用高级语言编写的指令转换成操作代码。这并不是一项普通的工作，因为高级语言中的一行程序相当于低级语言中的诸多指令，而且指令的表示方法也有很多种。若要选出最佳的表示方法就需要理解整个程序的目的。

与其试图将编译程序自动翻译成操作代码，更为可行的方法是直接用使用一个特殊处理器的指令系统编写程序。这样写出的程序篇幅更小，执行起来也更快速。毕竟，程序的编写者最了解自己所编写的内容。下图是用一个微控制器自身的指令所编写的“hello world”程序：

```
print:
print_loop:
lpm
movtxbyte,R0
cpi txbyte,0
breq return
rcallputchar
inczl
rjmpprint_loop
  return:
    ret
print_string:
  .db "hello world",13,10,0
reset:
sbi PORTB, txpin
sbi DDRB, txpin
  loop:
ldizl,low(print_string*2 )
ldizh,high(print_string*2 )
rcall print
```

```
rcallprint_delay
rjmp loop
```

每一条神秘的命令都是一个指令。例如，“inc”是单词“increment”（增量）的缩写，表示对存储单元中的值进行加 1 操作。“zl”用来表示需要进行加 1 操作的位置，指向了下一个被打印的字符。C 语言的每一行程序都对所有需要执行的原始操作进行了解压。

用这种方法编写的程序叫“汇编语言”（assembly language），因为它们在被加载到微控制器之前必须经过一段汇编程序（assembler）。如果读者中有来自法国的哲学家，可以将汇编语言指令理解为一个能指（signifier），即这是微控制器可以理解的实际指令信号。为了节省空间，汇编程序语言以数字而非文字的形式存储。汇编程序让所有的转换变得简单明了。它亦被称作微代码（microcode），因为它们实际上就是装配在微控制器里的代码。

汇编语言对计算机来说是最容易理解的语言，但对我们人类来说却是最难理解的。它们的程序段一般都很长，运行起来却很快。除了打印出“hello world”之外，我们还想让它有其他更多的功能，那么汇编语言的优势就毫无意义了。如果“hello world”在电视机中以视频信号的形式出现，并有一个普通的微控制器用来生成那些高速信号，那么汇编语言在速度和控制时间的优势便能体现出来。因为更快速的处理器成本更高，能耗更多，包装也更大，权衡之下，用更小、更快的程序来承担额外的编程任务还是相当经济的。

汇编完成后，如下为等待加载的“hello world”程序：

```
:020000020000FC
:1000000028C00AE03095089410F4C39A02C0C3983F
:10001000000005D004D036950A95B1F708951EE08A
:100020001A95F1F7089528EC18EC1A95F1F72A952E
:10003000D9F70895C895302D303019F0E2DFE395F7
:10004000F9CF089568656C6C6F20776F726C640DE2
:100050000A00C39ABB9AE4E4F0E0ECDFE4DFFBCFF4
:00000001FF
```

上面显示的是十六进制（hexadecimal）代码，是一套使用数字和字母计数到 16 的数字编号。十六进制取代了计数到 10 的十进制代码，因为数字 16 相当于 4 个二进制，二进制对数字装置来说是最容易处理的单位。

台式计算机的程序存储在运转的硬盘里，而一个小型的微控制器没有可移动的部件，程序被存储在闪速存储器（flash memory）中。这种电子存储器保存了用于表示比特的电子，即使在电源被切断后也能保留存储的信息。最开始的时候，闪速存储器需要特殊的程序来加载信息，不过电路的其他诸多功能也要塞进微控制器上，所以任何计算机能生成的控制信息都可以一起写进闪速存储器里。这里，“hello world”程序通过一个与个人电脑并行打印接口相连接的夹子，而被加载到电路中：

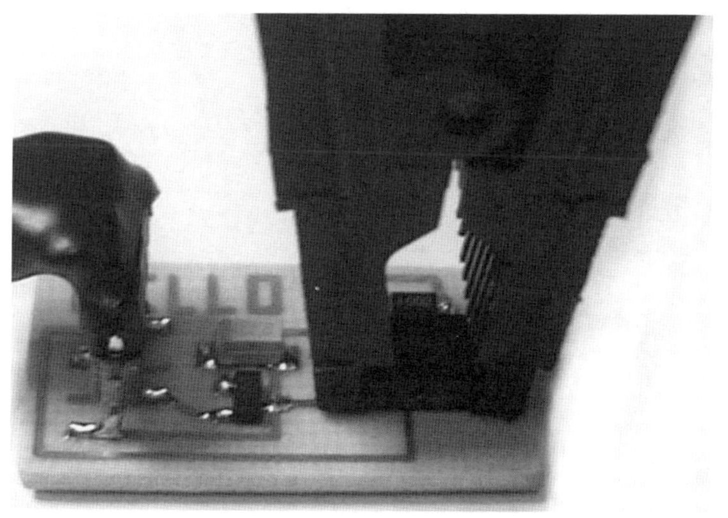

这个过程被称作“在线编辑”（in-circuit programming）。

最终，当“hello world”电路连接到个人电脑的串行通信端口（serial communication port）后，它就获得了电源，并开始毫无休止地回传信息：

在后面的章节中，我们将了解到在物理世界中，如何通过物理成型的方法和大家道一声“你好”（hello）。

理解

卡尔波（Kalbag）

当卡尔波（S. S. Kalbag）走进房间的时候，身上散发着会让你感到人类未来更加充满希望的神秘气质。他安静地以自己那独特的美德感染着身边的每个人。我第一次见到卡尔波是在“科学学堂”（Vigyan Ashram）——坐落于印度西部一个小村庄附近、由他本人创立的乡村科学学校。

这所学校的名字本身就十分有趣。“Vigyan”在梵语中指自然科学领域囊括的所有学科；而“Ashram”则来自于印度古老的教学体系Gurukul（意为“学院”）。在这种教育体系里，学生们离开家来到隐退的学者群体中，并从师于一位开悟的大师。两者结合起来，“科学学堂”就成了隐退而用心思索自然科学问题而非宗教问题的场所。

卡尔波从小在孟买市区外的荒野里长大。那里当时没有任何生活服务设施——如果家里人需要电、自来水或是排水管，他们只能自力更生。卡尔波一家成功地做到了这点。卡尔波不仅学会了如何建造这些系统，也懂得把家里的工程看作是一种机会而不是障碍。每当他对某件物品感到不满意，他就会动手修理或改善。

◇ 卡尔波

在开始接受传统教育后，卡尔波出色的学术潜力使他尤为突出。不过他有些纳闷，自己在学校里成绩很好但却从未被要求动手操作。他无法理解为什么学校里不教学生任何类似自己在家里所学的实用技能。

此后，卡尔波在大学学习了工业食品加工并获得了食品技术学(Food Technology) 博士学位。在做了 27 年的学生后，卡尔波决定把接下来的 27 年献给家庭，进入印度传统中的人生第二阶段——“居家期”(Grihasth Ashram) [1]。他与亲爱的米拉结婚后，开始在孟买的大型消费品公司印度联合利华 (Hindustan Lever) 工作。他在公司中步步晋升，最终成工程部的主任。

1. 译者注：在印度传统的宗教信仰中，永恒真理 (Sanatan Dharm) 为世人设计出一套四阶段的人生规划，以每 25 年为一期，作为度过人生的理想典范，其历程依序为：梵行期(Brahmacharya Ashram)、居家期 (Grihasth Ashram)、林栖期 (Vanaprasth Ashram) 与遁世期 (Sannyas Ashram)。

与此同时，他也没有忘记动手操作的乐趣。卡尔波在工作之余留意着孟买街上玩耍的孩子，探究他们没有上学的缘由。这些孩子辍学的原因是学校的教学与他们的生活没有关联，这是在意料之中的。然而，正是这些孩子长大后运用他人所缺乏的技能，为上了学且更为学术的人们修理汽车、建造房屋。显然，他们完全有能力驾驭自身所感兴趣的复杂概念。

1983 年，54 岁的卡尔波在同事们惊讶的注视中从印度联合利华公司辞职，开始了传统印度生活的服务社会阶段——“林栖期”（Vanaprasth Ashram）。他的梦想就是建立起一所学生通过与日常生活的紧密联系来学习科学与技术的学校。他希望在最需要这类教育的地方开设学校，于是开始和妻子米拉一起周游乡村。他们在距普纳（Pune，印度西部城市）17 公里、距孟买几百公里的小村庄帕巴（Pabal）发现了理想的校址。这里的居民生活贫穷、收入甚微，环境十分干燥、缺少水源；但同时，这里也有着清新的空气和广阔的空间。如果卡尔波关于学校的构想能在这里实现，那么在其他任何地方也能够实现。

卡尔波的终极目标是呈现什么才可能是解决印度最紧迫的城市化问题的关键，他认为是乡村科学的普及和应用。由于农村的机遇明显匮乏，大量的乡村居民涌入城市，使城市税收服务不堪重负，城市无法可持续地发展。而卡尔波的梦想就是使乡村生活变得合理、可持续且令人向往，从而转变移民的潮流。

卡尔波不仅建立了学校的教学理念，也建设了学校设备。教学理念就是卡尔波儿时所熟悉的边动手操作边学习知识。同时，他和学生们一砖一瓦地搭建学校，其中包括他自己约为 22 平方米的小屋，他在那里居住一生直至 74 岁去世。

“科学学堂”招收那些已经辍学、被认为是不可教的孩子们。它并不是一所慈善学校，学生们仍需要支付学费。但事实上，这笔教育上的投资是值得的，学生们可以从在校期间以及毕业后参与的事务中获利。在那里，经济状况以及环境的可持续性是他们最为关心的问题。

比如，当地用于定位水源的地面电阻仪价格为 25 000 卢比（约 500 美元）；而“科学学堂”的师生们买来一个地面电阻仪，拆开研究一阵后，找到了仅需 5 000 卢比的制造方法。他们新研发的地面电阻仪变成一门生意，他们每年可以从中赚 10 万卢比。又比如，科学学堂的农场需要一台拖拉机，但没有足够的资金买新的，所以他们独立研发了由价值 6 万卢比（约 1 200 美元）的废弃吉普车的零部件构成的“公牛”

（MechBull）拖拉机。这款拖拉机广受欢迎，科学学堂的校友也专门做起了制造并销售拖拉机的生意。

2001 年，我来到帕巴的时候，这里就有着很明显的创新氛围。与周围其他村庄中破旧的住宅不同，“科学学堂”中遍布着整洁的钢筋混凝土的圆顶屋，这样的设计保证了对手边建筑材料的有效利用。

在其中一间圆顶屋中，我欣喜地发现了坐落于这边远地区的装备齐全的小型化学实验室。在实验室里，人们可以进行简易的测试，如验血以检测糖尿病和怀孕状况，或检测水中的杂质。学校中的一组女学员在实验室受到灵感启发在市场上做起了生意。她们抓住了化学测试这个机会，因为此项工作不是传统的男性工作（因为这项工作是全新的）。

在我与卡尔波的第一次会面中，我简要提起了我们在麻省理工学院研发和使用的个人制造工具。他激动地像紧紧抓取我的衣领一般牢牢扣住话题，一口气报出了一长串他们希望测量却没有能力测量的事物（我穿着 T 恤衫所以他没法真的抓住我的衣领）。

他们的土壤分析仪可以测量湿度却不能检测营养成分。在农村经济中，精准农业（precision agriculture）指的是根据农作物的生长条件及其变化，使用相关的农业测量工具进行检测和调节，确保灌溉和施肥的准确度，从而保证农业产量的最大化。这在乡村里尤为重要——因为这不仅仅关系到公司的利益与损失，也关系到农场与农民的存活。帕巴和世界各地的作物耕种、土地使用、气候条件都在不断地变化，对环境数据的需求也日益迫切，而“传统”的方案在这种本身就没有所谓“传统”的地区无疑是不适用的。

◇ 公牛拖拉机

◇ 科学学堂

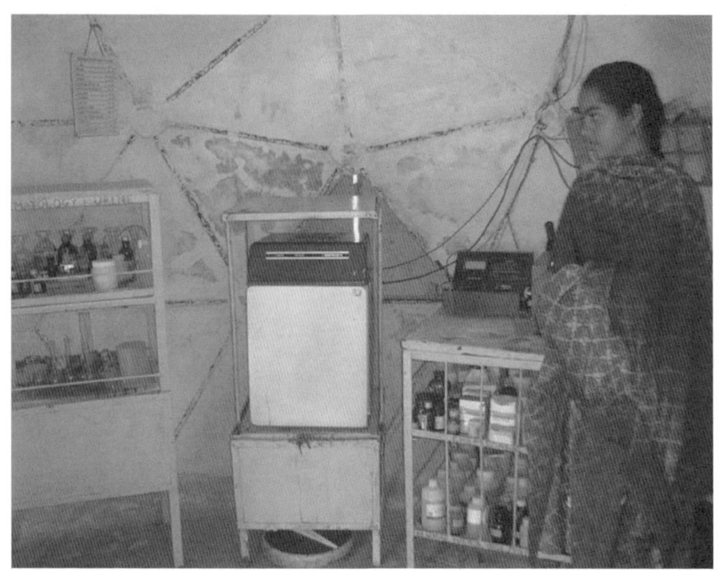

◇ 化学使生活更美好

◇ 增长趋势的图表

“科学学堂”里人们正种植蓖麻（castor）这一新的作物，其种子可以压榨成公牛拖拉机最需要的燃油。不过，如果要改进拖拉机的发动机使其能够燃烧蓖麻籽油，首先要用先进的仪器测量燃烧产物，然后与使用传统燃烧的方法比较整体效果。其实，仅仅微调引擎就需要用到印度农村一般难以找到的仪器。美国家庭车库角落里设备的价格远远超过了印度村民可承受的范围，再者在当地农村，也没有此类设备的供应链，更何况有这些作为商品的设备，往往也被送往当地的汽车修理厂而不是乡村农田。

卡尔波列举的一连串例子的关注主题共同点就是量化农业生产：通过理解并改善农业生产。他引导学生找到所关心的变量与任何可能的影响因素之间的关系，这样他们就能够独立解答自己提出的问题，比如合适的雏鸡喂养谷物量，或不同农作物各自的灌溉量。这样的方法面临的问题是：他们仅仅可以量化那些可以被测量的事物，而排除了许多由于没法量化，但是他们最感兴趣、最想弄清楚的知识。导致这个问题的一部分原因是他们使用的传感器的技术限制，另一部分原因是当地对保持无知的迎合而造成的社会、经济条件的限制。

举个例子来说，牛奶对儿童的成长至关重要，但在科学学堂附近的社区里，一些牛奶生产厂商用水和奶粉稀释牛奶，降低了牛奶的营养价值。更过分的是，他们会把优质牛奶和劣质牛奶混在一起用来生产质量一般的牛奶。牛奶中脂肪的含量是衡量奶制品生产商获利的标准，但这一指标却无法被准确地、可靠地测量。没有任何测试出牛奶相关的所有指标，所以拥有一台可以完整检测牛奶品质的仪器，成了卡尔波心愿单上最重要的一条。

再举个大米的例子，这是当地日常饮食和经济发展的重要支柱，人们在大型集市上从农民手中购买大米。大米的定价取决于其质量、重量和含水量，而所有的指标是由大米市场的一位员工说了算。一次，我在当地行政官（district collector，DC）陪同下到集市的一个市场进行考察。地方行政官这个职位源于英国对印度的殖民统治，它代表英国皇室负责收集地方税金、维护公正（从名字中，猜猜看两者中哪个算是主要职责）。虽然地方行政官从来都以腐败著称，陪同我的这位还是很诚实的。大米市场的老板正向我们解释市场的运作方式，行政官在我耳边悄悄向我透露集市中的买卖是如何想方设法压迫农民的。在我们的要求下，米市的老板向我们展示了一台简陋的大米质量测量仪，但令人惊讶的是这台机器已经不运作了。农民们想要，也需要有一台他们自己能掌控的大米测量仪器。

反复出现的分析仪器短缺的问题让我们一致决定在"科学学堂"设立一个"数制"工坊实验室，就地研发并生产仪器来解决当地的各类需求。我们很清楚我们在能给帕巴带来的机遇，而"数制"工坊能不能带动此地区以外的其他地方的发展，我们还不确定。

在新德里的国家电力公司，那里的领导告诉我，他们所提供的电力有大约 1/3 在配电网中被偷窃或消失。在印度城市中，随处可见一团团非法的电力分接头。与一般其他情况相反，印度完全有能力满足当前的能源需求，只要电力可以成功输送到预定的地方。问题的根结不在当局的监管力度，而在技术仪器的缺乏。由于监控能源的耗费极高而且十分复杂，电力公司无法知道在输电网中到底发生了什么事，也没有好的办法去找到电力消失发生的点。

我们的讨论催生了制造一个廉价电力网络电表（networked power meter）的想法。如果输电网中广泛装配了这个电表，那么电力公司就可以觉察到电力盗窃现象，并且奖励节能用户。我提议赶紧尝试一下这个想法，但电力公司的员工们却茫然地看着我：电网工程部的基本工作是监管几十亿美元的基础设施投资，而非独立地发明创造。于是，部门派出一位工程师，前往印度提供高端快速制作原型的工具的地方：卡尔波乡村农场上的"数制"工坊实验室。

◇ 计量大米

◇ 电网

几个月后，几乎同样的情况又一次出人意料地发生了。回到美国后，我参观了一家基于麻省理工的研究，研发集成电路的研究室。这里的芯片由工程师团队设计，而后在价值几十亿的芯片制造厂中完成生产。我与团队成员就第一代芯片的新应用和下一代芯片的测量策略展开讨论。当我提议尝试一下我们的理念时，他们的反应与新德里的情况如出一辙，所有人都茫然地看着我。一个有想法的个体要在这种环境下独立发明创造些什么是不可想象的；企业的研发过程要求专业工程师操作分布于各个地方的昂贵设施、并以团体的形式施展才华。我半开玩笑地提议大家不如去卡尔波的农场上，房间里的沉寂表明这其实是个严肃的话题。一个印度乡下的小村庄竟有着科技食物链尖端的企业所缺乏的技术实力，这无疑给位于尖端的这些企业带来了不安和忧虑。

我不认为这些故事折射出的是集成电路或者电力工程师的失败，或是卡尔波的独特品质，诚然他确实非常伟大。它们所反映的其实是产品的必要性在创新过程中的重要作用。一位印度农民设计者和一位芯片设计者的区别在于：芯片设计者的生存不直接依赖于大米的价格或牛奶的质量。

正因为卡尔波和他的学生们必须同时生产自己所需的食物和技术，相较于被支持系统包围的工程师，卡尔波和他的学生们可以从制造机器的工具中获得更及时、更直接的益处。现在看来，这些工具首先出现在最需要它们的地方应是不足为奇、合情合理的。

信息科技（IT）需要信息，而卡尔波的世界里最重要的信息是这个世界中各种事物的状态。假若科学学堂没有联系抽像和现实的仪器技术，那么信息科技本身也是没有价值的。在这种情况下，适合的技术就是先进的技术。世界上像卡尔波一样的人们和他们所创办的“科学学堂”，学习掌握个人制造的工具和技能，制造适用于当地的各种测量仪器，他们没有落后于反而引领着更为发达地区的个人制造潮流。

仪器

卡尔波面临的农业问题主要是他需要可以量化相关变量的仪器。传感器的种类几乎达到我们能够想到的各类变量的总数，这既是件好事也是件坏事。数目众多的传感器保证了我们可以计量任何东西，但要做到测量快速精准、价格低廉则需要依靠集艺术和科学于一身的仪器制造。

大多数的测量工具始于一个模拟（连续）电信号（electrical signal）。常见的传感器包括阻值随温度变化的电阻器（即热敏电阻）、电流强度随光强度变化的二极管（即光电二极管）、根据加速度储存电荷的电容器（加速计）。在理想状态下，温度、电流、光强、加速度等是决定各一个仪器测量值的所有变量。但在现实中，一些无关紧要的特性会影响测量结果，比如光电二极管的性质会受温度的影响，而使测量产生误差，因此也需要多个传感器的配合使用来校准。

模拟电信号（analog signal）通过模数转换器（analog-to-digital converters，习惯简写为 A/D 转换器）进入数字电路。这一过程发生在模拟信号与数字信号的交界处，一边设有模拟信号放大器和过滤器，另一边则是数字逻辑。在计算机技术发展的初阶，模数转换器是一个完整的、独立的仪器，而现在它已经成为多功能微控制器的独立芯片或电路组成部分。

如今，传感器无处不在，离你最近的情况可能就是正对着手机高声通话的人。麦克风就是把受到的声压转化为等比例的电压的传感器。麦克风可以与印有“你好，世界”的英文字母的“hello-world”的电路相连，如下页图：

然后利用模数转换器取样，把数据导入微控制器。现在，电路不再把“hello-world”的字符发送到与其相连的计算机，麦克风可以将“hello-world”这句话的声波转化为变化的电压，电压经由 A/D 转换器转成数字，最后由微控制器制成数字录音（digital recording）传播出去。数字的图像如下：

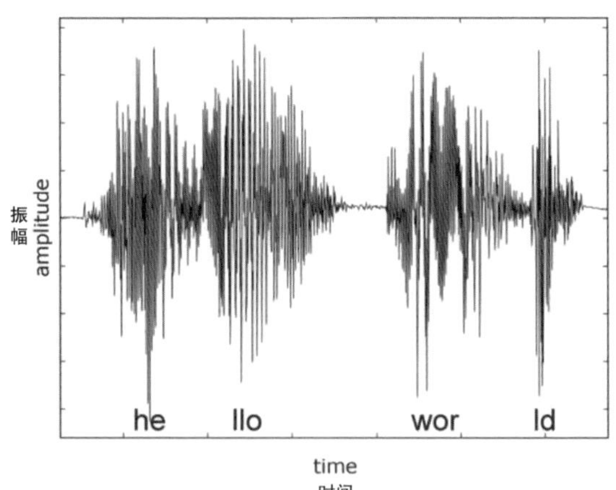

在之后的“互动”章节我中们将探讨播放录音的原理。

A/D 转换器的特性体现在其转换信号的速率和分辨率。随处可见的微控制器里的 A/D 转换器每秒可取样几千次音频信号，此外还有高速 A/D 转换器，它每秒取样数高达数十亿次。达到这种速度的转换器可以直接将音频信号数字化，这种技术被用于数字化电台软件中。A/D 转换器的分辨率可达几十位（tens of bits）[1]；24 位的 A/D 转换器能够解析微小到 1/16，1/777，1/216（因为 224=16，777，216）的电压变化。如此高的分辨率可以揭示电路中电子的热运动，这也标志着测量仪器灵敏性的客观极限。移动电话基站（和窃听装置）等高要求设备多利用此类模数转换器，从嘈杂的高频噪音环境中分辨传入无线听筒的微弱信号。

高速、高分辨率的 A/D 转换器价格昂贵、能耗高，所以选择 A/D 转换器时仅需与传感器和应用情况相匹配就可以了。比如，我们没有必要在背景噪声超出许多倍的环境下解析来自麦克风的电热噪音。8 到 12 位的转换器是最为常见的，它们分别可分辨 1/256 和 1/4096 的信号变化。

最准确的 A/D 转换器仅使用 1 位分辨率，这看似是与理论相矛盾的。更有趣的是，这些转换器接收信号时会故意在背景中加入事先校准过的噪音。1 位的 A/D 转换器包含一个比较电路（comparator），当输入电压高于临界值输出 1，小于临界值时则输出 0。这个比较过程完成得非常快速而且精确。正因为加入了噪音，即使电压输入是稳定的，比较电路的输出值也会在 0 和 1 之间波动。输入电压值的变化导致输出值 0 和 1 各自所占的时间比例发生变化，从而提供了测量电压的方法。0 与 1 的比例用简单的数字计数器（digital counter）就可以获得，而增大测量中的分辨率只需增加计数。

1 位 A/D 转换器是强大测量技巧的绝佳展现，把众多研究变量（如上述例子中的电压）转换为一个关于时间的函数（上例中比较电路输出结果 0 与 1 各自的时间比例）。时间是最容易衡量的变量，上述测量过程是非常好的权衡（tradeoff）测量法。“hello-world”电路中 1 美元的微控制器每秒可进行超过一百万次的运算，这表明它对一个电子传感器的计数事件进行几秒钟的运算后，其分辨率就可以达到昂贵的 24 位 A/D 转换器的水准。此外，不同于固定位数的 A/D 转换器，1 位 A/D 转换器的测量方

1. 译者注：A/D 转换器的分辨率常用比特作为单位，这些离散值的个数是 2 的幂指数

式为计数，因此它能够迅速获利低分辨率的运算结果或是增加计数以提高分辨率。

优质的传感器不像夜晚酒吧歌手手中的话筒，它在工作时不会影响研究对像的行为，是非常理想的非参与式观察者（uninvolved observer）。不过，如果主动刺激一个系统，我们有可能超越系统的表面描述，深入理解其运作的原理。积极测量，而非被动感测，这也能帮助我们区别所关注的反应和系统上的其他影响因素。除被动遥感（passive sensing）外，主动测量也能帮助我们从众多系统影响因素中分辨出所预期的反映。

举个例来说明，在原有的“hello-world”电路上添加一个电阻和一个连接器，对某一样本施加电压并测量施压后的瞬间反应，如下图所示：

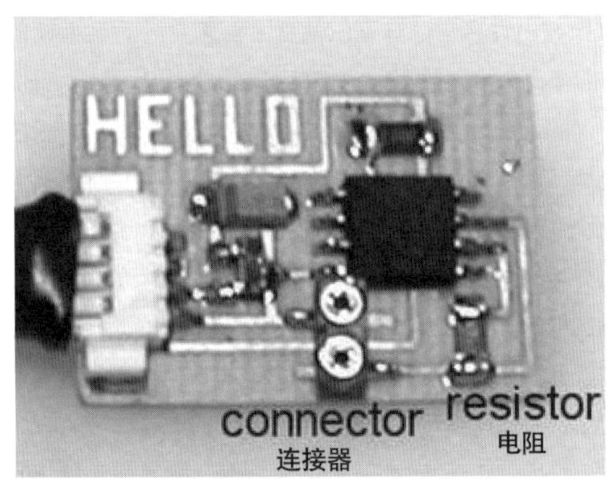

微控制器对电路输出引脚施以电压，使电流通过连接器以及与连接器相连的所有元件。通过测量经过电阻器的电流，微控制器能够从中了解电阻器材料的特性。

让我们回到卡尔波最初的问题：寻找检测牛奶稀释程度和脂肪含量的简便方法。我们可以用乙烯基切割机制作电极安装到电路上，然后用一根电缆把电路和一杯牛奶连接起来：

微处理器对电极施加电压，在电极的两端之间形成电场。电场将力作用于牛奶分子，使它们重新排列，从而有效地改变电场强度。杯中的牛奶越多，微处理器需要提供的电荷量也越大，直到电极之间的电压达到稳定的最终值。充电速率与牛奶容量之间的变化关系提供了一种准确测量玻璃杯里牛奶的真实容量的方法。

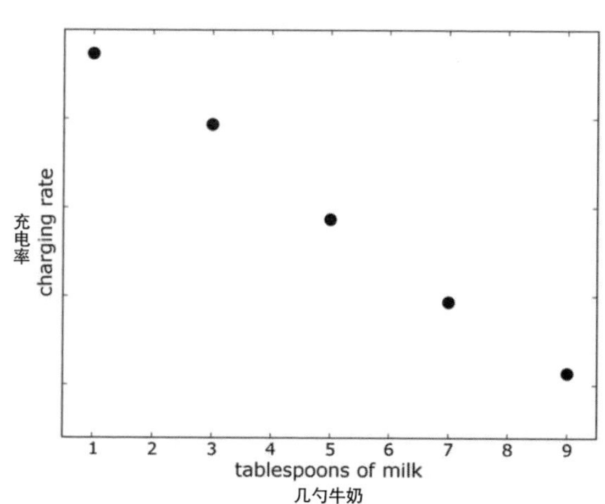

以此，我们就可以度量杯中的牛奶是多于、少于还是正好一半，或是牛奶泼洒了出来。

不同材料在电场作用下有着不同的反应方式：有的材料可以传导电场，有的材料内部会正向或反向地向着电场排列，有的则把电场储存起来。这些过程都不是瞬间发生的，其速率取决于材料成分的具体特性。所以，材料在电场中的表现情况及其与时间的关系，不仅反映材料数量的多少，也体现了材料的诸多特性。下图表示施加压强后“hello-world”电路测量的三种牛奶电极充电曲线。下图是“hello-world”电路在加压后测量到的三种牛奶的充电曲线图：

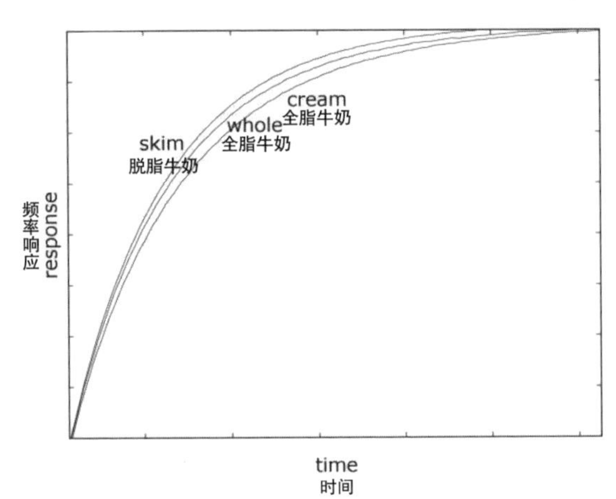

这三种牛奶的容量是一样的，而它们的充电曲线却各不相同，这源于各自成分的细微差别。

曲线上点与点之间微小的间隔是时间间隔，反映了微控制器快速的时钟周期，而不是 A/D 转换器运行的慢速周期。这些点是通过欠采样（undersampling）技术实现的。微控制器里的输入端装有一个取样保持放大器（sample-and-hold amplifier，简称 S/H）。S/H 电路能够快速捕捉高速变化的模拟信号，在 A/D 转换器把模拟信号转换成数字值时保持其稳定。上述牛奶检测工具就是测量了牛奶在微控制器在启动充电电压的情况下作出的反应。当充电开始后，微控制器可以延迟 S/H 采集牛奶的反应情况，而当 A/D 完成转换工作时，牛奶对于充电的反应还要再持续一段时间，但整个过程仍可以继续重复，只不过从最开始到 S/H 完成所有采样的间隔会稍微加长。以这种方式循环下去，一系列不同时间段的测量值可以连成一条曲线，相当于使用更快速(同时也更昂贵、更耗能)的 A/D 转换器。这种方法在测量过程中所采集的不是完整的信号，被命名为欠采样（undersampling）。

上例中，牛奶检测工具所进行的电脉冲反应测量，除了可以表示为时间周期的形式，还可以利用数学的方法将同样的信息转化为相关的频次函数，后者被称为频率响应测量（frequency response measurement）。在高速实惠的微控制器出现之前，这一测量需要使用更为昂贵的实验室来完成。仪器首先扫描信号发生装置的频率，其次记录不同频率下电路中的变化。

频率响应测量是光谱学的一个实例。光谱学的特点在于在于找出某一对像和另一对像之间的函数关系，便可进行测量（something is being measured as a function of something else）。一些重要的光谱学应用包括记录某一特定材料对不同颜色的光照、或是不同高频磁场的反应等。以这种方式得到的曲线或函数所包含的信息量往往比传感器获取的简单数据大得多。还是以牛奶为例，如果在检测过程中加入了光强度测量，不仅可以测试牛奶的数量问题，还可以考察牛奶的品质。

同分析牛奶这一任务相比，利用感应电路探测人体根本不费吹灰之力。人体中的物质与牛奶中的物质一样受电场作用。在电极几何构造的基础上，我们能测定人体一部分的距离、位置或方向。这次让我们拆掉"hello-world"电路里的牛奶测试连接器，替换成一个类似于按钮的电极，如下图所示：

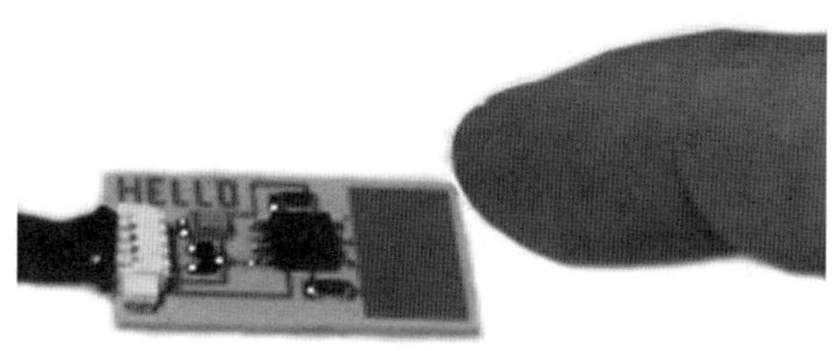

当手指接近并接触电极时，电路的充电速率随着时间的变化如下图所示：

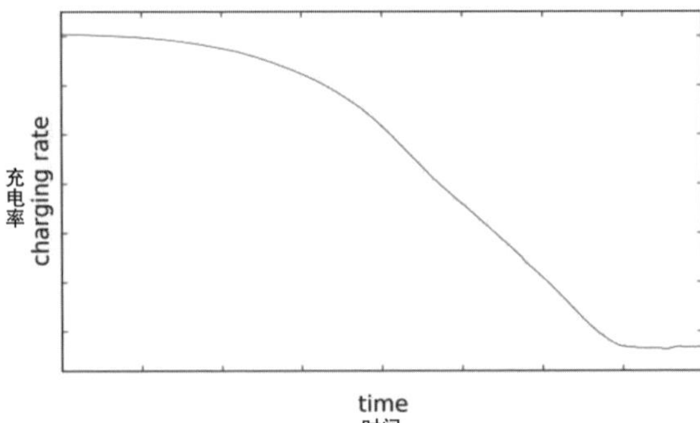

这个按钮电极在手指靠近的过程中就感测到了它，这个探测技巧方便人们在物体上添加各类用户界面，即将隐藏电极设计成定义按钮、数字按键、计算机键盘、滑动条和定位装置等形状。

网络

如果说个人制造体现了人们内心深处对创造的渴望，那么创新的驱动力和灵感源于信息交流。世界各地的人们在得到技术发展的工具后，做的第一件事就是利用技术帮助他们获取信息和交换信息。这也促成了一些出乎意料的电信基础建设的创新。

夏普（Sharp）

在印度农村，再简陋的小泥屋也配有电视机，在没有供电的地方一块可充电汽车电池就能为电视机提供电力。由于很多印度乡村地区没有被城市电视天线覆盖到，大部分的电视节目都依靠传递卫星信号的电缆抵达家家户户。全国范围内的有线电视系统都由当地的经营者建立并运营，这一电缆联网远远早于电话业务和供电服务。

草根创业者趁印度政府忙于管理不可靠的电话业务之时，将有线电视网络覆盖了广大乡村。等到 20 世纪 90 年代中期，政府开始对此四处征税时，全国已有大约十万名有线电视运营商了（估计的数目不准确，因为有的运营商出于强烈的经济利益动机而不愿被计入官方数据）。此时，代表技术的调制解调器（modem，又称“猫”）已经跳出了包裹的限制，这个系统不能再被政府控制。

一个典型的村庄有线电视网络大约有 100 名用户，他们每月需支付 100 卢比（约 2 美元）。用户支付费用都很及时，因为有线电视的工作人员挨家挨户拜访用户、说服他们及时付款。我在考察其中一家运营商时，对构建这个系统并使其在经济上可行的技术十分着迷。

运营者房子的屋顶上装着手工制造的卫星天线，把电视信号传递给村庄的每个角落。这个有线电视网络的起始端就在他房间床头的一个架子上，而非满满一屋子电子产品的形象。架子上灵敏的信号接收器用于探测并翻译卫星的微弱信号，随后将信号增强、输入电缆通往村庄的用户。这套技术设备的核心是卫星信号接收器，在美国每台价值几百美元。这位运营者则告诉我他这台机器只需 1 000 卢比，约合 20 美元。

我惊讶不已，如此精良的仪器却这么便宜，于是我仔细研究了一番，想知道它是如何被制造出来的。接收器上标有“夏普”（Sharp）的字样，但显然这不是日本电子消费巨头公司的产品，上面也没有别的识别信息。运营者说这是他在德里电子产品区的市场上买的，于是我的下一站就来到这里。

在电子市场熙熙攘攘的小巷中，可以买卖所能想像得到的任何电子制品。不仅如此，市场还有销售用于制造的各类专业电子部件的专区以及电子产品的现场维修服务。卫星接收器专区在一条侧巷的深处，其中一位本地的夏普品牌卖家果真在销售 1 000 卢比的接收器。他的产品是从制造商那儿得来的，据他透露制造厂位于德里的木材切割区。

我的旅程把我带到了露天家具市场中的隐约标有“夏普”的一小扇门前。门打开后里面是一屋子的人，他们坐在堆着电子测试设备的工作台边上，旁边放着和农村里一模一样的“夏普”卫星接收器。

这里的“夏普”其实是个完全独立的印度国产品牌，其所有产品都是自己生产的，然而产品并不是在这个房间里制造的，因为这样成本很高很多。装配工作被外包给社区里的家庭，有家庭负责把部件组装到一起。“夏普”的运营模式类似于农村集市或谷仓，以市场价格逐一买进产品，随后由“夏普”员工测试成品。

◇ 家庭剧院

◇ 地球村

◇ 有线电视运营者

◇ 印度“硅谷”

企业的核心工作由暗屋里的一位工程师完成，他在那儿忙碌地拆卸发达国家市场上一代的视像产品。就像我的智造课程上学生以前人设计为基础构建自己的作品一样，这位工程师依据其他地方工程师的制作，动手操作学习卫星接收技术。他先逆向认识并理解仪器的设计，然后重新设计产品使其结构更简单、价格更便宜，并且用当地的零件和工序就能完成。同样，就像我的学生不会因为在原有作品上创造价值而感到剽窃般的内疚，这位工程师从早已过时的产品设计中汲取灵感也不太可能引起原卫星接收器生产商的不满。

这名位于“夏普”企业金字塔尖端的工程师工作尤为出色，但他也有挫败的时候。他们的商业模式以现有产品设计为起点，而当他们在有线电视之外看到互联网接入服务这一新的机遇时，市场上却没有已过时的线缆调制解调器让他们研究学习。由于线缆调制解调器那时才刚刚出现，它们包含无法通过外界观察来理解的高度集成的先进部件，也不适于分配到家庭组装。当然，并非只有这种构建数据网络的技术方法，他们找到了其他解决方案，最终将互联网与宝莱坞肥皂剧一起带到了印度乡村。

◇ 质量控制

总而言之，“夏普”及其合作者已创建了横跨印度的密集、交错、贯通的企业网络。从小黑屋中的工程师到厨房车间的零件组装者，从区域电子产品销售商贩到农村有线电视运营商，他们创造并散布了令人惊叹的先进电子仪器，其进展超越了印度官方的学术和产业机构。

这家集体企业成功地开展了大规模可持续的科技部署，却并没有强烈的经济动机。他们没有被援助机构或是国外投资相中，他人甚至不知如何与他们建立联系，他们本身也不希望得到太多尤其是来自官方的注意。他们甚至不是能够参与合资的独立实体，其整体运作在本质上是分散的。但是，印度乡村的有线网络系统告诉我们，即使是由人际网络维持的非正式组织，只要怀有贴切的动机，也可以创建出像通信网络这样复杂精妙的作品。

哈肯（Haakon）

哈肯·卡尔森（Haakon Karlsen）是挪威最北端、早已越过北极圈的林根雪山（Lyngen Alps）上的一名农民和牧人。那里的卫星电视碟形天线向下朝向地平线，而不是通常的面向天空，因为这是地球同步卫星轨道的方向。不过相比聆听宇宙中的卫星，哈肯更愿意倾听他在山中的动物伙伴们。

依据萨米人（Sami）的放牧传统，临近夏季羊群会到山中漫步，从5月开始进山再到9月从山里回来，而驯鹿直接逗留在山中过冬。在合适的时候找到牲畜并带领它们回来，交到各自的主人手上，是长期困扰牧民们的问题。此外，传统捕猎场所的缩减导致捕食性动物——狼、熊、猞猁等开始在羊群附近出现，这造成了新的问题。10只羊里就有1只没法成功在山中存活，因此远距离地观察羊群是否面临危险、受伤或生病变得尤为必要。

追踪羊群的原始方法是在领头羊颈上系一个铃铛，但是这种方法要求牧人不能离开羊群太远，能听到铃声。哈肯觉得很奇怪，为什么他在农场上可以接收从宇宙中的卫星传来的广播信号，却不能获得山中羊群的信息，于是他决定解决这个难题。

林根雪山一带没有以服务羊群为职责的网络运营者，于是哈肯要像印度的有线网络建设者一样自己动手制造他需要的远程通信设施。只不过他的客户不是两条腿的人，而是四条腿的动物。

◇ “铃铛”羊

◇ 网络与用户

哈肯的工作得到了来自挪威电信公司（Telenor）特罗姆瑟（Tromsø）办公室的比约恩 · 托斯坦森（Bjørn Thorstensen）和托尔 · 斯文森（Tore Syversen）的帮助。由他们组成的团队设计了一块短程绵羊无线电通信装置，其大小和羊群耳朵上的识别标记类似，并可以发送动物的电子版身份识别信息。领头羊颈上带有一个略大的“铃铛”，里面装有全球定位系统（GPS）接收器，发送羊群位置的信息。挪威电信公司最先组装了这些设备，之后 2003 年在哈肯牧场里开始运营的 " 数制 " 工坊继续开展无线通信装置和天线的研发和生产。

羊群的无线通信可覆盖几百米的距离，更强的通信装置会因为体积过大使羊群携带起来不舒服，况且其电池不够维持几个月的时长。由于羊群无线电的传播距离较短，人们还需要设立固定的无线电中继器把信号转接到农场。中继器由商业无线网络提供的收音机制造而成，价格低廉，它们在山里排列成网状，从而使得信号环绕群山从一个无线电设备传到另一个无线电设备。

挪威电信公司帮助哈肯完成这个实验其实是有一定冒险性质的，因为网状的通信网络对其原有的商业模式产生了严重威胁。通信数据除了能够在牧场之间传播，也可以在一家一户或一村一庄之间传递。每位用户只需在房屋上接上天线就可以加入网络，同时通过传递信息和自己收发信息的方式拓展了这个网格。如果终端用户们都可以建立自己的通信网络，谁还会花钱购买挪威电信公司的服务呢?

但是挪威电信公司的参与也是非常英明的，因为北极圈以北的农场是探索这类基层通信网络商业模式的安全选择。这也提示了社区网络和大规模商业网络和谐共处的可能性。另外，谁知道四条腿的客户们会不会代表着一个全新的还未被开发的通信市场呢? 毕竟，在挪威这样的国度，每个两条腿“动物”都已拥有一台手机了。

文森特（Vicente）

19 世纪末，建筑师安东尼奥 · 高迪（Antonio Gaudi）在巴塞罗那开拓了流畅、富于表现力的建筑风格。那荒谬、怪诞、有机的建筑形状不仅突破惯例，也似乎突破了重力法则。看看他的圣家族大教堂（Temple of the Sagrada Familia），很明显这座 1882 年开始建造（至今仍没完工）的教堂完全出自高迪本人之手，未经任何人插手。教堂的结构设计、视觉设计与社交功能设计优雅地融为一体。为了达到这个效果，高迪确实在工程技法上作了不少创新的贡献。比如，他所设计的拱形是用倒置的模型模拟的：在链条上挂些重物当做建筑物所承受的重量，再将得到的链条曲线作为建筑支持结构的样板。

◇ 土木工程

文森特·瓜里亚尔特（Vicente Guallant）是巴塞罗那新生代建筑师群体中的一员，他追随高迪的建筑理念，希望也能对现代社会出现的计算机和通信设备进行模型设计。现代建筑物的外形设计与里边的信息技术设计毫无关联，文森特对此感到沮丧。往往是一组设计师和建筑工人建造实体结果，完工后另一组工人把计算机等信息技术设备抛掷进来就结束了。文森特想知道有没有办法把建筑内部的电子工程变得像高迪的作品那样富有表现力并很好地融入整体设计中。

文森特的问题是我们在麻省理工学院针对嵌入智能所做的一系列共同探索的延伸，其中包括纽约现代艺术博物馆（Museum of Modern Art，MoMA）中的交互式家具装置（在“艺术与炮火”一章会介绍）、帮助老年人管理药品的交流浴室隔板（在白宫史密森尼千禧年庆祝活动的未来科技展览中展出），以及为《飞行的卡拉马佐夫兄弟》舞台剧设计的可通过动作控制灯光和音效的智能杂耍舞台。我们下一步的共同目标自然是建造一幢楼房。

这次合作的成果就是2001年在巴塞罗那戏剧活动上展示的名叫“媒体房屋”的测试结构。其设计愿景是测试结构不单单包含机械支持，也包含一切服务，所以“媒体房屋”能够承受各种物理作用力，并传递能量与信息。建造房屋的过程也同时是建立房屋功能设施的过程。

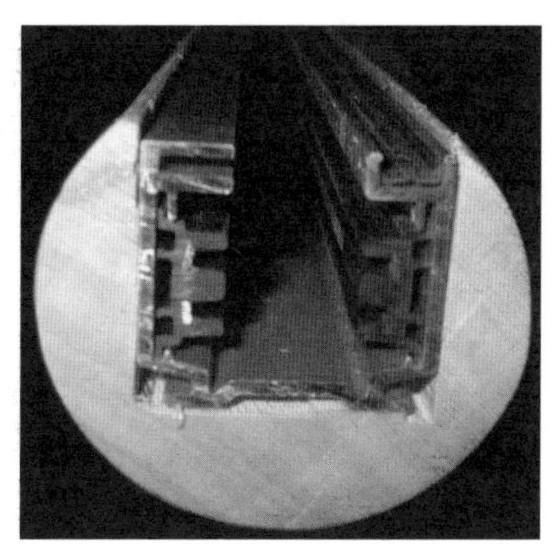

◇ 支持功能

在今天的建筑工程里，详实的设计图纸事先描绘了每一根电线、每一个开关、每一件固定装置，每一条排放管的位置。这些细节被辛苦地画出、执行、检查，所有的结构直到房屋需重建而被摧毁时都保持固定、一成不变。居住者的愿望要层层经过建筑师、工程师、建造者、承包商、分包商和安装者这一条漫长的必经之路才得以现实，这是一条不那么可靠的道路，如同聚会游戏的关卡一般。

媒体房屋的设计理念是里面的一切东西都不是一成不变的。其基本结构由可活动的梁构成，包含输送能量和数据的轨道。灯具与开关等个别元素都可以嵌入这些轨道。每一个组件都装配了使用互联网通信协议的微型计算机，所以它们之间的联系不会受到固定的线路图限制。房屋中灯具和开关、恒温器和加热器、按钮和门铃都依据它们自身的使用习惯和建筑表达、能源效率的要求而安装设置。

要实现这点，我们只需在每个装置上添加几美元的部件。互联网在台式计算机上的实现类似于科技领域的官僚系统：相当数量的计算机代码把时间花在不同开发者的软件层之间的信息传递上，有效地读写备忘却并未完成切实的工作。如果在网络中接入可以传递有限、可预知信息的控制灯泡，上述互联网的运作方式将大大简化。

不过即使把控制灯泡接入互联网的成本仅相当于一个一次性设备的费用，但是如果需要一整个信息技术部门来维护管理，那也是毫无必要

◇ 互联网装置

的。为了解决这个问题，“媒体房屋”的每个装置都储存了有关自身连接方式和更新程序的信息，所以组装所有装置的同时也建立了一个网络、一个房屋构造和设施的数据库和一台处理相关信息的计算机。房屋的搭建者不是建筑工人而是户主，户主可以根据自己的需求来扩展或改变房屋。没有了配置和操控一切的中央计算机，也自然少了许多发生故障的忧虑。

在“媒体房屋”的开幕仪式上，高速二代因特网项目的一位计算机设计师不断地询问房屋架构传送数据的速度有多快。我提醒他灯泡不用宽带看电影，而且加快传输数据的速度会使网络变得极为复杂。网络结构越复杂，所耗费的成本越高，修改的难度也越大。相比于通信速度，联网灯泡的配置与运营成本才是应该关心的问题。这位设计师仍然坚持要知道数据速率，于是我开玩笑道，“媒体房屋”不属于新兴的二代互联网，还停留在零代互联网呢（当时通用的网络是一代互联网）。

玩笑背后隐藏着一系列日常设备的互联网连接原则。如果一位计算机科学家都很难理解适当减慢网络速度以简化网络的价值，那么建筑行业就更不可能理解了。美国的建筑行业每年创造几万亿美元的业务量，这让计算机和通信行业显得微不足道。建筑业愈发需要将楼房可编程化，省去不必要且费时费力的绘画设计图纸，进而安装者组装、检验员审核、承包商改建更换户主的房屋等一系列过程。与其这样，不如让与网络相连的灯泡和恒温器的配置可由房屋居住者自己控制，建造者的工作缩减为确保各个仪器设备得到能量和信息。

灯泡数据速率的争议反映了科研界长期存在的偏见：运转速度不断加快的网络和计算机优于速度缓慢的网络和计算机。在科技发展过程中，会出现名为“讲话的狗”的初级阶段：狗能讲话这个事实本身就值得关注；狗最初具体说了些什么则不重要。只有过了一段时间人们才真正关心狗所讲的内容。类似地，在计算机网络发展的初期，看到网络的运作就足以令人惊叹不已了，一位研究者不需要太多的洞察力就能意识到更快速的网络更有用处。但是，我们早已远离了网络技术“讲话的狗”阶段，也离开了盲目追求提高性能的阶段。如今，越来越少的应用程序会受到不断增长的速度的限制。而建筑行业面临的技术挑战不是绝对的仪器性能，而是复杂性所带来的成本。建筑从业者们盼望得到的是具备强大计算功能、并且可以正常使用的建筑材料。如此一来，建筑设计师、网络架构师和计算机工程师的技艺就能有机结合并融为一体了。

一位巴塞罗那的建筑师、一位印度乡村的有线电视运营商和一名挪威北部的牧羊人，他们以其独特的方式，创建了通信设施，这样的角色让他们得以联系起来。因为他们各自所在地区的现任运营商无法满足客户需求，推动着他们亲自研发并使用技术以解决问题。每个例子都阐明了个人以及社会制造的一个组成部分：草根电子产品生产与散布、商品组件的全网络连接、计算和通信与功能性材料的结合。在所有这些的交汇处，我们可以找到与高迪的优雅、宝莱坞的戏剧、林根雪山的壮丽相匹配的技术工具。

通信

机器之间的沟通与人类交流一样，需要互相理解、以礼相待和时不时的妥协。

在个人制造中为设计添加沟通能力（即通信能力）的第一步就是确定信息的表达方式。将人类的语言转化为机器可识别的数字的标准方法是使用“美国信息交换标准码”（American Standard Code for Information Interchange，ASCII）。其编码规则是用8位二进制数组合来表示一个字符，8位0和1组合成255种可能的字符，这构成了ASCII码表，计算机利用该码表来进行人类语言和计算机数码之间的转换。除了字母，ASCII编码还可以表示“重音字符”（accented characters）和诸如制表、回车等“控制字符”（control characters）。用ASCII表示的单词“Hello”如下所示：

01001000 01100101 01101100 01101100 01101111
H e l l o

ASCII在1968年前后被认定为标准转换码。在此之前也存在一些其他转换标准，如IBM推出的从早期打孔机式的二进化十进数演变而来用于大型计算机的“扩充的二—十进制交换码”（Extended Binary Coded Decimal Interchange Code，EBCDIC）。此后的标准还包括极为重要的“通用字符集”（Universal Character Set，UCS）。ASCII是美国标准，一定程度上反映了某种“技术中心论”（techno-centrism），因为追溯回去，最初的计算机产业其实就是美国企业。Unicode 和 ASCII 一样是基于拉丁字母的一套电脑编码系统，当需要表达世界其他国家的字母时就要采用 16 进制或是更多数位进行编码，而不是 ASCII 的 8 进制了。

ASCII 和 Unicode 的作用是像字典一样将文字讯息翻译为二进制字符串。数字通信的下一步是选择呈现这些二进制数字的方法。在“计算”这一章中，“你好，世界”的英文字母“hello-world”电路使用的是“美国电子工业协会”（Electronic Industry Association，EIA）第 232 号推荐标准（RS232 标准）。这一标准在 1969 年左右确立，最初是为连接数据终端设备（如计算机）和数据通信装置（如调制解调器）而制定的。RS-232 用于“串行通信”（serial communication），指使用一条数据线，将数据一位一位地依次传输。此外还有“并行通信”（parallel link），即一组数据的各数据位在多条线上同时传输。并行通信速度快，但使用的通信线多，成本高。

最初的 RS-232 标准作了如下规定：“1”表示信号电平低于 -12 伏，“0”表示信号电平高于 + 12 伏。每个字符本身由 8 进制 ASCII 码组成，此外，每个字符开始前有一位起始位（记为“0”），结束后有一位停止位（记为“1”）。所有这些数据位都会一一传输。下图表示“你好”的英文字母“Hello”中“H”的 RS-232 信号：

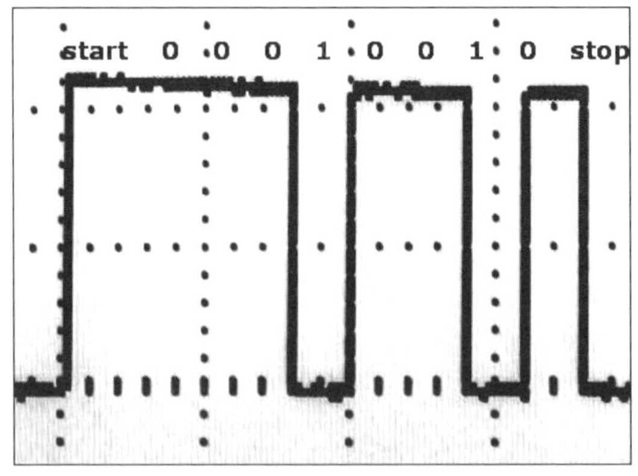

需要注意到，RS-232 信号在传送时，数据的低位在前，高位在后（即图中的 00010010，表示 H 的 ASCII 码的波形码），这与字符原本的表达和存储形式相反（01001000，即 H 的 ASCII 码）。

在这个例子中，“hello-world”电路实际上走了一条普遍的技术捷径。与计算机不同，一台在 3 伏电压下运转的小型设备要产生 ±12 伏的电压很不方便（“hello-world”电路就属于这种情况）。按照官方的定义，从 -3 伏到 +3 伏的电压范围被称为“静区”（dead zone，又称“死区”），它覆盖了通信线路中的噪音。不过由于今天大多数电子产品厂商为了节约能耗，把产品的工作电压控制在这个静区区域内。幸运的是，接收 RS-232 信号的电路能逐渐适应这个标准，并获取信息。只要信号正确且完整，使用低电压是完全可行的。

1995 年，“通用串行总线”（Universal Serial Bus，USB）替代了 RS-232，它不仅能传递 RS-232 信号，其速度也远远超过 RS-232。USB 还允许计算机识别与其相连的标准仪器，比如键盘和鼠标等。另外，USB 不会像“hello-world”线路那样悄悄地从 RS-232 的一个通信端口那里窃取能量，而是实实在在地提供能量。然而 USB 终究还是串行式的点对点连接，与 RS-232 一样连起的是一条线路的两端。这种电子领域的“一夫一妻制”存在局限性：任何仪器的价值都可以从能与其交流的物件数量来决定，而在个体连接之外还有网络式沟通。

世界上最大的网络当属“互联网”（Internet，又称网际网络，或音译因特网、英特网）。互联网是由网络构成的网络，将全世界连接起来的各国国家网络由区域网络构成，区域网络又连接城市、楼房、办公室、家庭的网络，最终连接到你的个人电脑。最初连通互联网仅仅用于大型计算机，而今我们已经可以把它融入个人制造项目。如果要让产品与任何事物交流（因为因特网几乎连接了万物），就必须让它遵守“互联网协议”（Internet Protocol，IP）。

IP 就相当于电子信封：一组将要经过因特网传输的数据，如电子邮件或网页，被打包成一个 IP“数据包”，包裹前面包含着寄件人与收件人的地址（即 header，意为“报头”）在互联网中各种网络交叉连接之处，路由器开始发挥它的特殊作用，它负责审阅数据包中的信息，选择最佳传输路径，发往目的地。

上述过程称为“分组交换”（packet switching）。老旧的电话系统交换器每根线路一次只能处理一个电话呼叫，而互联网中的每根线路可以同时传输前往不同目的地的数据包。路由器并不受自身电线连接方式的限制，它会根据网络中的需求、容量和干扰情况决定数据包抵达的途径。

互联网(Internet)中“inter”(互相)来自“网络互连”(internetworking)的概念。在互联网出现之前，有许多相互不兼容的网络。讯息不能在以太网和令牌环网之间传递，也不能从阿帕网络传送到卫星网络再到分组无线网。因特网出现后，还是有很多互不兼容的网络。但是 IP 的作用就是消除连接这些网络的计算机区别——只要计算机都遵守 IP 协议，它们就可以互相交流。

IP 的工作是把数据包从起点送到目的地。如果把 IP 比喻成信封，其他的协议就具体规定了信件内容的格式。这些协议通常被称为 IP 协议的上层协议，用于处理更高级别的任务和功能。IP 协议向上到达的第一层是传输层，其中最简单的传输层通信协议是“用户数据包协议”(User Datagram Protocol，UDP)。UDP 为数据包提供“端口号”(port number)。就像一艘驶入美国的轮船既可以在长滩也可以在休斯敦卸货，在互联网中使用端口号则为不同的应用软件保留各自的数据传输通道。比如某个端口专门接收电子邮件，另一个端口负责管理文件传输等等。

除了 UDP 以外，另一种常用的传输层协议是“传输控制协议”(Transmission Control Protocol，TCP)。TCP 传输就像寄送挂号信一样：TCP 会确保数据包抵达最终目的地。此外，如果消息过大无法放入一个数据包，TCP 会切割信息、分片段输送、再在终端拼接为完整信息。这是一种更复杂的通信过程，TCP 适合用于对可靠性比速度要求更高的应用。

在更高级别的应用层，处理其文本信息的协议如“万维网”(World Wide Web) 使用的“超文本传输协议”(Hyper Text Transfer Protocol，HTTP)。这一协议规范了包含文字和图像的页面在 IP 数据包中的传输方式。超文本中的“超”反映的不是万维网上无穷无尽信息的数值，而是为了丰富文本讯息在网页中加入超链接以连接更多的网页和其他媒体形态（如音频、视频等）。

从电子邮件到电子商务再到各种电子服务，一系列重新定义互联网的新应用在接入互联网时无需改编计算机的程序，因为这些应用都使用了 IP 协议。这种方法称作“端对端”法则：互联网做什么是由与它相连的东西而不是网络本身决定的。程序员开发出一项新的网络服务，之后用户在个人电脑上像安装应用程序一样使用该服务，这比让涉及其中的每一个人都费尽心思重新改编路由器和相关计算机的程序来使其运转方便多了。

有一幅漫画形象地描绘了因特网：一只狗坐在电脑前打字，对另一只狗说互联网最棒的一点就是没有会知道你是一只狗。但漫画中的狗仍需要一台计算机。现在这幅漫画所描述的故事可以升级了：一只狗，或其他宠物，可以通过互联网与灯泡交流，控制其开关。只要设备能够发送并接收 IP 数据包，它就可以和因特网上的任何对像交流。之前数据包传输仅仅针对大型计算机，现在哪怕是简单的微控制器也可以做到。

因特网连接最复杂的部分不是 IP 协议的执行，而是将设备连接到互联网中的各种工程细节。在因特网的分层描述中，位于 IP 之下的是定义数据格式和传输方式的层次。IP 数据包可以通过多种渠道传递，包括以太网、蓝牙无线电、Wi-Fi 热点、电话拨号调制解调器、GSM 移动电话网络、卫星终端等等。以上的每种传输都需要专用芯片来生成和翻译信号，若要连接多种网络则需要多个芯片组。

Internet 0（I0）是一种新兴的网络，它使用类似摩尔斯电码的代码简化、统一因特网连接的物理方式。摩尔斯电码通过脉冲的间隔来发送信息；信号可以来自敲打电报、轮船向海边发出闪烁之光或敲击管道。信号其实是相同的，只不过传输的媒介不同。“网络”一章所介绍的巴塞罗那“媒体房屋”试验台就是以相同的思路处理数据包的。

I0 通过序列式地传输 ASCII 码来发送 IP 数据包，就像 RS-232 一样，只不过 I0 用时间而不是电压来定义 0 和 1。ASCII 码中的每个比特被分为两个间隔：脉冲发生在前半段时间里记为“1”，发生在后半段则为“0”。比特和字节的边界由前后两部分都受到脉冲的比特表示，它们位于比特的起始位和停止位，或是字节的开始和结尾。结构式冲击的间隔还可以体现发送字节的速率。下图显示了 I0 传输字母“H”的方法：

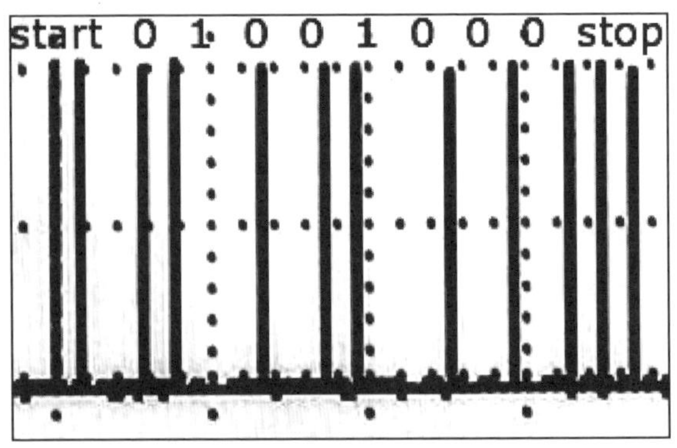

脉冲是由一个经过简单改装的“hello-world”电路发出的：

其他所有的“hello-world”电路都只能连接到一台计算机，而这个可以连接到计算机网络。它增加了两根电源线专门用于将电源分配到网络中的设备。这些电源线可以同时携带 IO 通信脉冲和电力，而脉冲和电力通过电容器发出或断开。电路中的稳压器不会受脉冲的影响——无论电力供应是否稳定，经过稳压器过滤的电压都是平稳的。但通了电的处理器可以通过电源线传递信息以及能量。电路板上的串行连接将电源线上的信息在互联网中来回传递。此外，还可以在这个“hello-world”电路增加了一个 LED 灯，当它听到“你好”时会闪烁。

下面是一个完整的 I0 数据包的样子：

这不是一张数据包的图片，这本身就是数据包。它看起来有点像条形码，也可像条形码一样使用。经光学扫描器扫描产生的原始信号可以直接进入一个 I0 网络，并被该网络上的其他任何设备所理解。I0 脉冲可以通过任何能传递波动的载体发送，既可以像“hello-world”电路一样走直流电源线，也能走交流电源线，或是通过 LED 和激光闪烁传递，转化为悄无声息的超声波，作为无线电波放射出去，或打印到纸张上，压印在物体上。这些不同的物理传输之间的转换需要只改变接口设备，而无需改变传递的信号。现有的互联网通信只需要通过其媒体访问硬件就能输送数据包。

除了 Internet 0，还有二十多种其他标准用于建立嵌入式设备网络而非通用计算机网络，其中包括 CAN、LIN、BACnet、CEBus、LonWorks、X10、USB、蓝牙、SPI、I2C 等等。它们的共同点是：不兼容性，因此需要配置专用转换器使相应的设备互相通信。这一如建造通天塔般的技术性任务归咎于历史上出现的各类商机、知识产权的发展，以及一些特殊应用的专业化。这些标准中的任何一个标准在特定方面确实比其余标准更好，但在工程开发设计中多即为少，因为优化和专业化的成本极高。

任何一种物理连接，无论有线或无线、声学或光学，都有最佳的比特表示方法，使其尽快地传输信息。这需要一个可以使用充分利用链接的振幅响应、时间延迟和可接受的频率干扰的调制方案。采用最佳调制可以更加紧密地压缩比特信息，使其在少于一个 Internet 0 脉冲的稳定时间里传递。该稳定时间取决于信号速度与网络规模的比值，对于一幢楼规模大小的网络，I0 脉冲的稳定时间约为百万分之一秒。然而，如果楼内数据发送速度不需要达到每秒 100 万位，那一个更简单的选择就是等待脉冲响应稳定。“灯泡不用看电影”的说法也由此而来，基于同样玩笑的原因，Internet 0 与高速的 Internet 2 相比较而得名 Internet 0。当通信速度减缓到能够让网络中的信号稳定下来，该网络的细节就可以忽略，这一表述同样适用于评价整个网络。

Internet 0 与当今很多互不兼容的通信方式之间的关系，有点像最初互联网与很多互不兼容网络的关系。IP 协议构建了可跨越异构网络的共同语言；而 I0 则提供了可以由异构设备共享的通用信号。与互联网的起源进行类比，不受任何承载设备类型影响的 I0 脉冲编码被称为端至端调制，它使互不相同的设备彼此通过“设备间网络”相连。I0 将最优性转变为简明性和通用性，这两者不仅为信息技术所迫切需要，也为其他各领域所渴求。

艺术与炮火

企业销售产品给个人消费者，但个人却生活在社区内。这些社区往往有着迫切的集体技术需求，这无法由个人购买来满足，尤其是群体对信息访问与交互的需求。

针对个体设计的计算机与集体使用现实的不匹配，促使世界各地的社区领导进行技术开发，以创造适合他们社区环境的计算机。在一些地球上最美丽或最危险的地方，这些努力不论在现实中还是在象征意义上都处于生产制造的前沿。这些制造不仅仅是个人的，其本质是社会性的。

特里（Terry）

特里 · 赖利（Terry Riley）是纽约现代艺术博物馆（MoMA）建筑部的总策展人。每十年纽约现代艺术博物馆都会策划一次标志性建筑展，全面展示建设中的各类建筑物。1998 年，特里联系我讨论一个问题：接下来的展览涉及大量新兴数字媒体，但他在寻找一种能替代画廊中传统电脑来访问这类信息的设备。纽约现代艺术博物馆努力在馆内打造引人注目的视觉和社交空间；特里不希望弯腰弓背在电脑键盘上打字的这一突兀的形象破坏设想的艺术空间。特里询问我是否有可能将画廊装潢本身作为信息接口。

如今，设计具体的计算机界面属于典型的计算机科学家和电子工程师的枯燥业务。但特里认为，工程师们仅仅考虑个体需求，而忽视了团体在充满艺术氛围且无指令环境下使用电脑的情况。所以随着展会的临近，他和同事们自己动手拼凑出一台优雅且不显眼的公共电脑。

我们为此项目组建了一个由艺术馆策展人和麻省理工学院学生组成的团队。团队在麻省理工学院完成了原型组件的组装。随后大家来到曼哈顿市中心，在展览馆内搭建最后的设备。我们所做的是一个醒目并具有挑战性的工作坊。

合作开发过程从一个巨大的餐桌开始，以其为展览的中心。这张桌子上投射着展品，并设有传感器感测参观者和物品的电子标签。设计的目标是：当人们在观赏设计图时，保留设计师的隐喻，只不过这里的图纸是动态的。餐桌中央的转盘点缀着形似杯垫的装饰，每片杯垫都展示

◇ 试验空间

了本次展览相关项目的图片；当这些实体图标被放到特定位置，其相关的图片会奇迹般地出现（这要感谢桌内读取杯垫标签的仪器）。然后桌面可以感测观看者的手，让他们浏览嵌在设计图中的图像和视频。特别有趣的图片可以通过电子方式滑动到转盘上分享给圆桌周围的人。

展品的设计和调试一直持续到展会开幕式当天。距离开展的时间越来越近，我们并没料想到，与展区相隔几个画廊之外，保安身后人山人海地聚集着等待入场的参观者。随后保安散开，人海涌入，我们也被人流冲散，圆桌边人群聚集。我们不知道圆桌运行得好不好，甚至不确定它有没有运转起来。一位老年博物馆捐助者从人海中穿出，激动地说："我讨厌计算机，不过这回很棒，根本没有计算机。"直到这时，我们才确信圆桌的设计是成功的。

这位博物馆捐助者没有意识到，眼前的这张桌下设有 17 台联网的嵌入式计算机，并与桌子底部数百个传感器的微控制器相连通。但她也没错，展厅里确实没有可见的计算机。计算机在为人们带来如此强大且近距离处理能力的同时，已然超越了其实体形态。我与她都说不出每个

◇ “没有电脑”

仪器确切的功能。多标签阅读器、人手探测器、转盘传感器、视频投影机和信息数据库都在互联网上进行交互。这张桌子并不是计算机的外围设备，它是 MoMA 展会的重要组成部分。

展示桌解决了计算机侵入画廊这一问题，却又引起了另外一个问题：一些观众对此互动界面比展览本身更感兴趣。虽然 MoMA 并未涉足技术开发产业，仍然有许许多多的参观者询问哪里可以买到这样的互动式桌子，他们希望在一些公共的计算环境里使用，如教学、经营管理、金融投资、紧急服务，或是军事指挥与控制。展示艺术的创意要求，竟激发了功能远远超出艺术展览的计算机界面设计。

苏伽特（Sagata）

纽约现代艺术博物馆的设备得到了来自德里的贫民窟意想不到的特别关注。在那里，苏伽特·米特拉（Sagata Mitra）面临的挑战与特里在曼哈顿已经解决掉的一样。

苏伽特是一名计算机科学家。与许多印度办公室一样，他的办公室紧靠贫民窟。办公室与贫民窟之间实实在在地仅有一墙之隔。正当他懒洋洋地沉思如何突破这堵墙所代表的屏障时，苏伽特突然意识到他可以从“打破这堵墙”本身开始。作为试验，他在墙上凿了一个洞并塞入一台朝向贫民窟的联网电脑。无需解释、无需指令，只有一台电脑显示器和一根操纵杆。

几分钟后一群好奇的孩子便出现了。很快他们就学会了如何使用鼠标，接下来又学会了如何上网。随后贫民窟的孩子们即兴授课，将新学的知识传授给朋友们。而这一切都是由那些被认为不会说英语（这台计算机所用语言）的孩子完成的。

由于孩子们是自学的，他们对正在做的事情有自己的解释。鼠标因其形状类似一根针，被称为 sui（在印度语里是针的意思）。沙漏图标

◇ 墙中洞

因为形似而被称为 damaru（湿婆的鼓）。孩子们以独特的方式独立地学会了使用电脑。

苏伽特回来查看电脑情况时大为惊讶，电脑屏幕上出现了“我爱印度”的字样，但他并未提供键盘，只有一个鼠标！苏伽特问孩子们是如何输入这些文字的，他们解释说发现了控制面板里的字符映射表，可用于点击屏幕键盘以输入任意字符。苏伽特拥有博士学位，但他都不知道可以这样做。

类似的试验在印度各地一遍又一遍地成功上演。我们都打趣说过孩子学起计算机比父母还快，但这种看法并未被当作教学原则来认真对待。苏伽特将其称为“微创教育”（minimally invasive education）。他认为技术学习无须面面俱到的解释说明，也不是所有内容都要被翻译成本地语言。他所关注的是满足一个积极主动的学生所持有的学习欲望，并思考如何用简单的干预措施帮助他那些非常规的学生们成长。

苏伽特遇到的最大问题不是贫民窟、孩子，或计算机，而是接口设备。鼠标和键盘是专门针对单个座椅上的用户设计的，而不是面向一群围在墙洞边的孩子。更糟的是，这些设备无法在贫民窟生存，因为他们的设计目的中不包含应对季风、沙尘暴，或好奇的动物的部分。这种人机界面一开始便是不恰当的，并最终破裂。

特里·赖利不需要对抗曼哈顿中心好奇的牦牛，但他也有自己需要顾虑的“野生动物”。将计算机安装在艺术博物馆里与安装在贫民窟内的过程并没有很大区别。特里和苏伽特所要面临的挑战是，计算机端口设备都需要满足团体而非个人的需要，都要能够承受群体极大的热情，也都要能融入社交场合、不强制反社会行为。苏伽特，同特里一样，受所在社区需求的驱动在计算机界面设计上大胆进行创新，超越了该领域内工程师开发产品所能达到的极限。

苏伽特认识到了创造合适的计算机界面的显著成果。在印度城市的社会经济等级中，富人与穷人之间存在着明显的鸿沟。拥有汽车、房子、电视，甚至是电力和水暖设备都是权力和影响力的象征，将贫民窟内外的孩子划分开来。而“墙中洞”电脑却与众不同，使用它的能力来源于知识而不是占有。

富人与穷人往往是敌人，穷人通常希望得到富人所拥有的东西。然而知识与财产不同，可以自由共享。“墙中洞”电脑周围的人们没有穷富之分，只有“知者”和“不知者”、会使用计算机和不会使用计算机的孩子们。不过“不知者”攻击“知者”是没有意义的，学习相关知识的方法是友谊而非冲突。苏伽特建立强大的计算机界面的尝试意外地增强了人与人之间的互动。

阿琼（Arjum）

为社区而非为个人设计计算机所带来的社会影响，使我从让人智力“缺氧”的曼哈顿艺术博物馆，来到德里的贫民窟，最后到达真正意义上空气稀薄的世界之巅喜马拉雅。

印度将军阿琼·雷（Arjum Ray）将军负责保护查谟和克什米尔、中印边境、巴基斯坦边境的安全问题。也就是说，他负责管理全球活跃的核战场。

当他来到他位于拉达克的总部，雷将军接受了保证边境安全的任务。按照惯例，这意味着要对边境上的军队和武器进行管理。但他很快发现，

边境安全依靠人的安全，人的安全依靠人的发展（智力、社交和财务方面的发展），而投资于人的发展的最佳途径就是信息化。他看到在他指挥的地区只有极少数的教育、经济，和娱乐设施，因此除了互相射击外人们没有别的事情可做。

这一观察促使他开展“Sadbhavana”项目。“Sadbhavana”的意思是和平与善良，雷将军希望为这些与世隔绝的社区提供联网电脑，用于教育、医疗、通信和商业，从而使其与世界其他地方相连接。如果少投几颗额外的炮弹，他就有能力担负这些社区投资。

就像微型银行项目关注妇女团体一样，他将注意力集中在佛教徒和穆斯林女孩上，因为她们通常在长大后成为社区的骨干力量。雷将军初来乍到时，女孩们将其当作社区的威胁，并会跑得远远的以避开他。计算机中心的成功建立使这种态度发生改变；当女孩们逐渐了解他们，一切便更好地运行起来。

◇ 计算机中心

拜访雷将军时，我恰巧碰上了近来喜马拉雅山最严重的雪灾。我感到很幸运，因为在风暴期间，我不仅仅是观察者，而且顺其自然地成为项目的积极参与者。屋外寒风凛冽之时，我们将一间小屋建造成网络服务器，而不仅仅是一个客户端。这样一来，女孩们就能够浏览和建立网页。民众们对于此举的反应非常热烈。女孩发布图片和说明，分享给相隔几个村庄的朋友和家人，以前他们要花好几天的时间跨越山峦才能相见。让她们大开眼界的是自己除了是信息接收者的身份以外，也可以成为信息来源。

我来到喜马拉雅的原因是雷将军和特里、苏伽特持有相同的愿望，希望将计算机引入社区，而不仅在办公桌上发挥作用。与挪威的哈肯及其羊群一样，雷将军需要建设独立的通信基础设施，因为企业不会在人烟稀少的荒凉山区抢着提供服务。像卡尔波和他的乡村学校那样，雷将军想办法在当地寻找生产技术以满足当地需求，毕竟削减炮弹发射数量不是一种可持续的商业模式。

不久之后，我在华盛顿特区向一屋子的军队将领做简报。他们都是他们那一代人中最优秀、最聪明的人，来到这里是为了寻求有关新兴技术对于军事意义的指导。在我介绍完个人制造概念以及制造仪器的机器研究之后，我讲述了雷将军的故事。雷将军和他为了网络部署而在当地实验室投注的心血其实是一笔对于地区安全与稳定的投资。

经过仔细地考究之后，在座的将领们理解了雷将军的成本收益计算，但他们并不清楚自己该如何采取行动。毕竟，五角大楼里没有“用于避免战争的高科技部门”。

世界上不稳定地区中的偏远社区在技术方面的需求可能与军队有着惊人的相似，并且出于必要，这些社区会更早地接受和使用个人制造制成的工具，从而摆脱对于长供应链的依赖。然而，帮助那些社区获取工具和技术又是谁的工作呢？是本职为破坏而非建设的军方？是在可量化社会影响力的投资项目中避免任何投机风险的援助机构？是支持投机风险的调查却避免任何看起来像援助工作的研究机构？还是开发产品出售给消费者却从不购买由消费者开发的产品的企业？

答案是不明确的。但是也许这就是答案。这些组织的区别源于某项技术的用户和开发者之间明确的劳动分工。如果任何人可以做任何事，那么这些区别就不再有意义了。

曾几何时，计算机代表着一种职业而不是一台机器。电子计算机问世以前，“computer”一词表示一组操作简单、机械的计算仪器来解决复杂问题的团队。这种人体机器听从于手写的指令。同样的，排版也曾经是一种职业，由受过训练的排字工人选择铅型用于印刷，而不是文字处理软件中的菜单选项。在个人制造领域，工程的命运也可能同样不再是一项专门的职业，转而成为一门共享的技能。

从纽约现在艺术博物馆到德里贫民窟再到喜马拉雅村庄，采用新兴技术以满足当地社区需求也许将不只是有远见的先驱者们所从事的活动，这将成为社区内和社区间一种常见的能力。铸剑为犁也许是个不切实际的梦想，但如果不可以广泛地获取制造工具，它最终是一个不可能实现的梦想。

互动

与乖乖仔不同，许多机器都需要人们能听到它和看到它，或是通过某些方式来改变它们的环境。在讲述工具的最后这一章节中，我们来看看机器与人类沟通的几种方式。

首先是展示。最简单的展示便是光线，用来显示机器是开启还是关闭。这是“你好，世界”的英文字母“hello-world”的发光二极管（LED）电路：

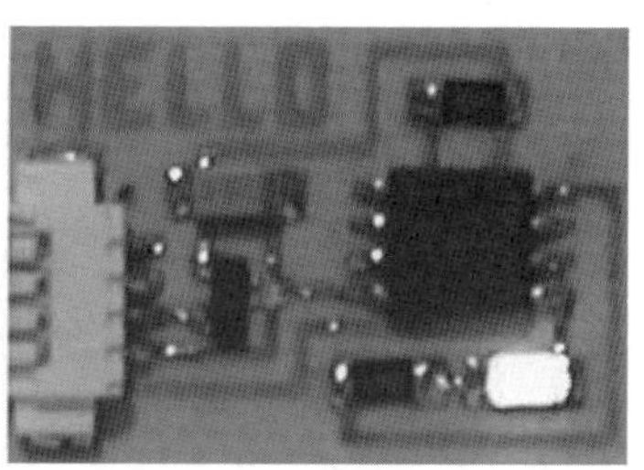

除了 LED，该电路还需要装配一个电阻器，用来限制流经二级管的电流（除非你的目标是让 LED 爆炸并在房间里四处乱窜，你也可以不装电阻器，很多潜在的电子产品爱好者都是在这样的事故中被发现的）。

LED 是电灯泡的替代品，几乎在任何地方都是这样，因为它们更小、更有效、持续时间更长，它们也变得越来越便宜。因为白炽灯靠加热灯丝来发光，大部分能量都以热量的形式消耗掉了。LED 发光不需要加热，它做的就像是把“电子滚下山坡”（rolling an electron down a hill），当电子达到底部时多余的能量就能充分转化为光能。

LED 也可以说出“Hello World”，通过发射闪光信号的方式发出相应的 Internet 0 讯息即可（Internet 0 在“通信”这一章中已描述）。不过这个讯息只有电脑能读取，人是看不懂的。要表达人类能认出来的“Hello World”，需要的就不止一个 LED 了。一幅图像可以被分解成许多小点，称作“图像元素”（picture elements）或“像素”（pixels），然后用一个 LED 负责一个像素。这就是大型体育馆显示器的工作原理。如果显示器能够利用外部光源，反射光或透射光，而不一定要自己发光，那么就可以简化显示像素的工作了。

最常见的方法是“液晶显示”（liquid crystal display, LCD）。这并不是说要使晶体变成液体，而是 LCD 的分子是细长型的，倾向于在同一个方向上排列，科学家们把这种分子具有方向性的液体称为“液态晶体”（简称“液晶”），不过液晶分子在液晶里是可以自由移动的。因为液晶分子能移动，当液晶受到电场的作用时，液晶分子指向的方向也随之发生旋转。当光线穿过液晶时会试着跟随液晶分子的方向，并根据这个方向最终形成透射光或反射光。这就是夹在像素电极之间的液晶层是如何变成一个反光式显示器或透射式显示器的。

这是连接到 LCD 的“hello-world”电路，现在无需向电脑发送信息，电路就能直接展示收到的信息：

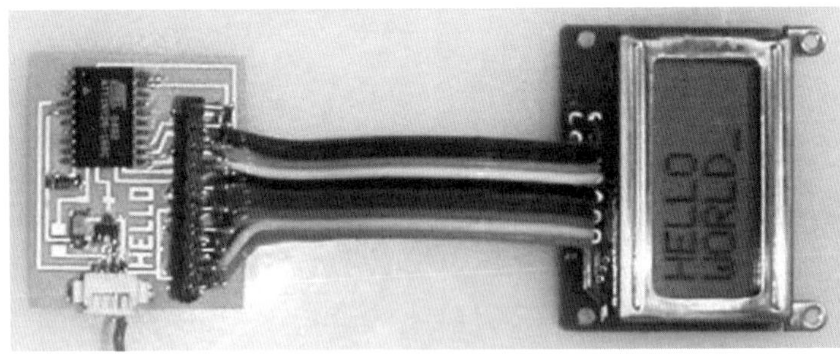

该电路需要一个有更多引脚的处理器连接 LCD 所有的控制输入端，但是芯片仍然要花费 1 美元，“hello-world”电路也一样（尽管这个程序的微码是不一样的）。

像素越多，LCD 的成本上升得越快，且因为技术上的缺陷，要使显示器上的部分像素避免一些明显的错误越发困难的。LCD 的另一个问题是关闭电源后液晶分子便会失去它们的方向性，所以就像 LED 一样，想要展示一幅画面，电源是必需的。人们一直努力找出解决这些问题的方式，包括使用打印过程来展示画面。其中最有前途的一个方法是基于“微型胶囊”（microencapsulation）技术。该技术原理是把墨水包入小球中，当铅笔挤压小球时小球爆裂，墨水就会落在无碳复写纸上。为了展示画面，微胶囊里的墨水可以替换成更加细小的黑白颗粒，这些颗粒根据外部施加的电场移动，并在电源关闭时保持其所在位置。这叫作电子墨水。下图是电子墨水制成“Hello World”的样子：

我们可以发现，当不再连接为其提供电源的微控制器时，显示器仍然能够保留图像。让我们放大来看看，这是图片中一小部分微型颗粒的样子：

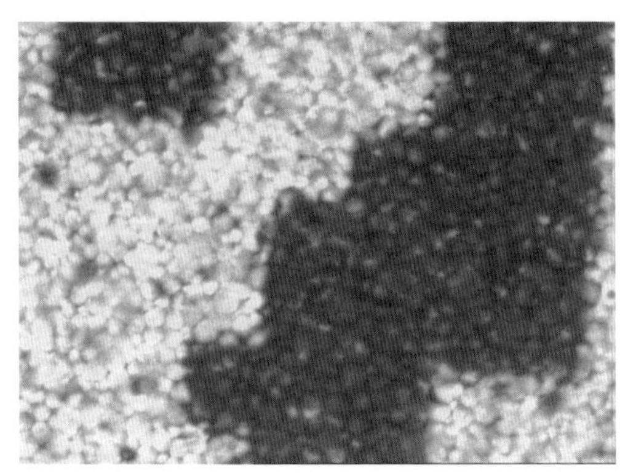

这幅图画体现了两种展示的处理方式：含有墨水的微型胶囊和大一些的来自电极的锯齿边缘的像素，通过这两者来施加电场使得黑色和白色的颗粒上下震动。这幅图体现了两种展示图像的方式：含有墨水的微型颗粒和更大一些的像素锯齿状图案。锯齿状图案是使用电极施加电场时黑白颗粒震动叠加造成的。

有一种最便宜也是最多功能的电路显示图像的方式，从城市家庭影院到乡村小泥屋，在全世界范围内它无处不在，这就是：电视机。新买的电视只要数十美元便能买到，二手的甚至更便宜。直到最近，产生电视可用的高速视频信号仍需要专门的硬件，因此电视只能呈现“罐头内容”。不过，能够让 LED 发出闪光信号来与人交流的微控制器，如今发出电子信号的速度也足够快到能与电视交流：

电视上的图像是由几百根水平线组成的。“hello-world”电路仅有的变化就是添加几个电阻器来生成与黑色和白色相对应的电压，以及可以画出新线条的信号。下图是屏幕中间的横切面示意图，它展示了与视频线路相连后“hello-world”电路的产出的样子：

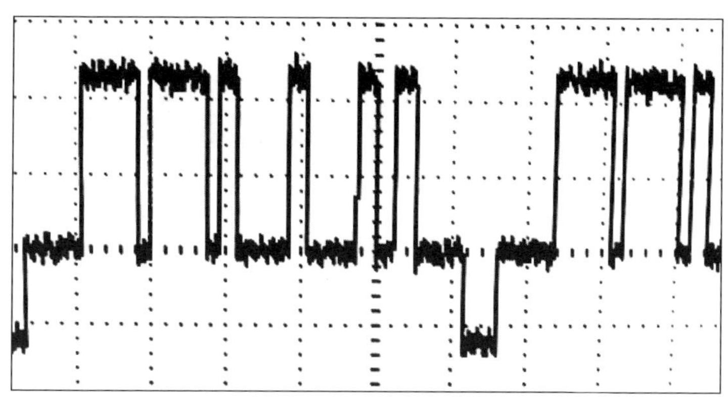

向下的脉冲告诉电视要开始一条新的线，这条基线就是指黑色的背景；向上的脉冲是“hello”字体中间的白色部分。这些脉冲只有几百万分之一秒那么长。这就是美国使用的“国家电视标准委员会”（National Television Standard Committee，NTSC）制式（由于其特性，NTSC 被戏称为“从不出现一样的颜色”（never the same color））。

由于大众媒体在政治与经济方面的敏感性，影像标准是全球地缘政治在技术上的反映。电视在 20 世纪 50 年代走入了千家万户，对全球化的美式制式的不满使得许多国家发展了自己的影像标准。所以法国、中东、前苏联原加盟共和国现在采用 SECAM，即“顺序存储彩电”（Système Électronique pour Couleur avec Mémoire）制式，不过更准确的应该是这个戏称“本质上有别于美国的系统”（System Essentially Contrary to the American Method）。欧洲采用帕尔制（PAL），即“逐行倒相”（Phase Alternating Line）制式，也常被理解为“终于完美了”（Perfection at Last），“花很多钱”（Pay a Lot）。这些影像标准之间的竞争非常激烈，其互不兼容的产品争夺的是一个价值数十亿美元的产业市场，但是从成本只有 1 美元的高速微器来看，这些斗争与它毫不相干。微码的简单变换就能让相同的电路产生上述任何一种制式。

要让一台设备可听可看，它一定要能发出声音。与一秒钟内需要变换百万次的视频信号相比，发射声波简直是易如反掌，声波每秒变换数千次而已。“hello-world”电路再次出现，但这次连接到扬声器，所以能发出“Hello World”的声音：

声音从电脑传到微型控制器，然后从插入其中的小小扬声器中出来。

扬声器是一种模拟装置，可以对持续的电压做出反应。为了播放数字信息，处理器需要用到“数字模拟转换器”（digital-to-analog converter），即 D/A，与 A/D 相反。芯片的快速运行与扬声器的缓慢进行之间的巨大差距大大简化了转换过程。处理器能够迅速地开关信号字节，调整时间段，这叫作“脉冲宽度调制”（Pulse Width Modulation，PWM）。扬声器的速度不能快到赶上脉冲，它会过滤一些，并形成一个平均的速率。下图显示了数字脉冲的形状以及扬声器相应的持续回应：

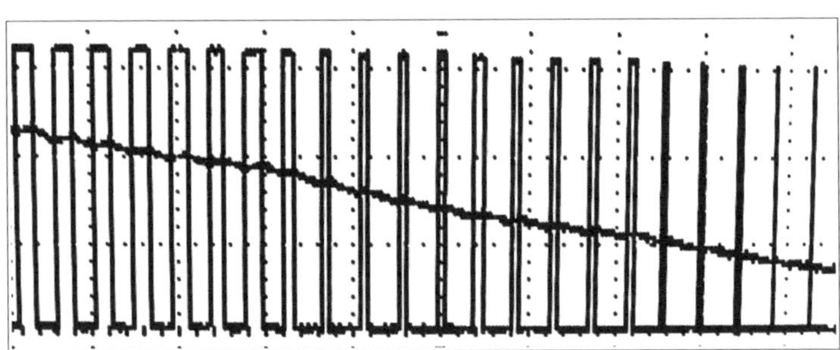

这个例子使用了一个处理器引脚来对扬声器发出脉冲。更大的扬声器需要更多电力，那么这时候只需一个简简单单的数字晶体管开关就能产生模拟信号，无需昂贵又高能耗的放大器。晶体管直接连向电源，它能比处理器引脚提供更多电流。

扬声器由于电流经过内部一个圆锥形线圈时与同样装在里边的磁铁相斥而震动，马达的工作原理同样也是通电线圈与磁体相斥。但是有一种马达，叫作步进马达，是由数字脉冲而不是持续的电流控制的，这对连接电脑尤其方便。

步进马达内含有一串线圈，每个线圈中间是一个稍微有所不同突起的磁体。当一个线圈通电后，磁体便与它排成一线。当下一个线圈充满电量时，磁体便与这个线圈排成一线。一个线圈接着一个线圈，最终带动马达轴转动。因此，不需要使用任何齿轮，只要改变发送到线圈的脉冲模式和时间，就可以设置马达轴的转动方向和速度。这还是“hello-world”的电路，这一次用上了晶体管开关来为马达的线圈提供充足的电量：

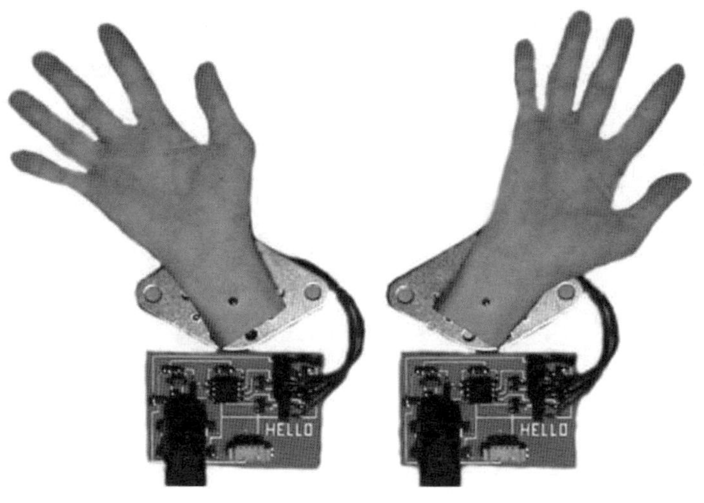

一个简单的程序就能产生脉冲序列，以此设置马达转动的速率和转动方向。配上扫描和打印后的小手，“hello-world”电路的最终版能够向世界挥手说“hello”或者挥手告别。

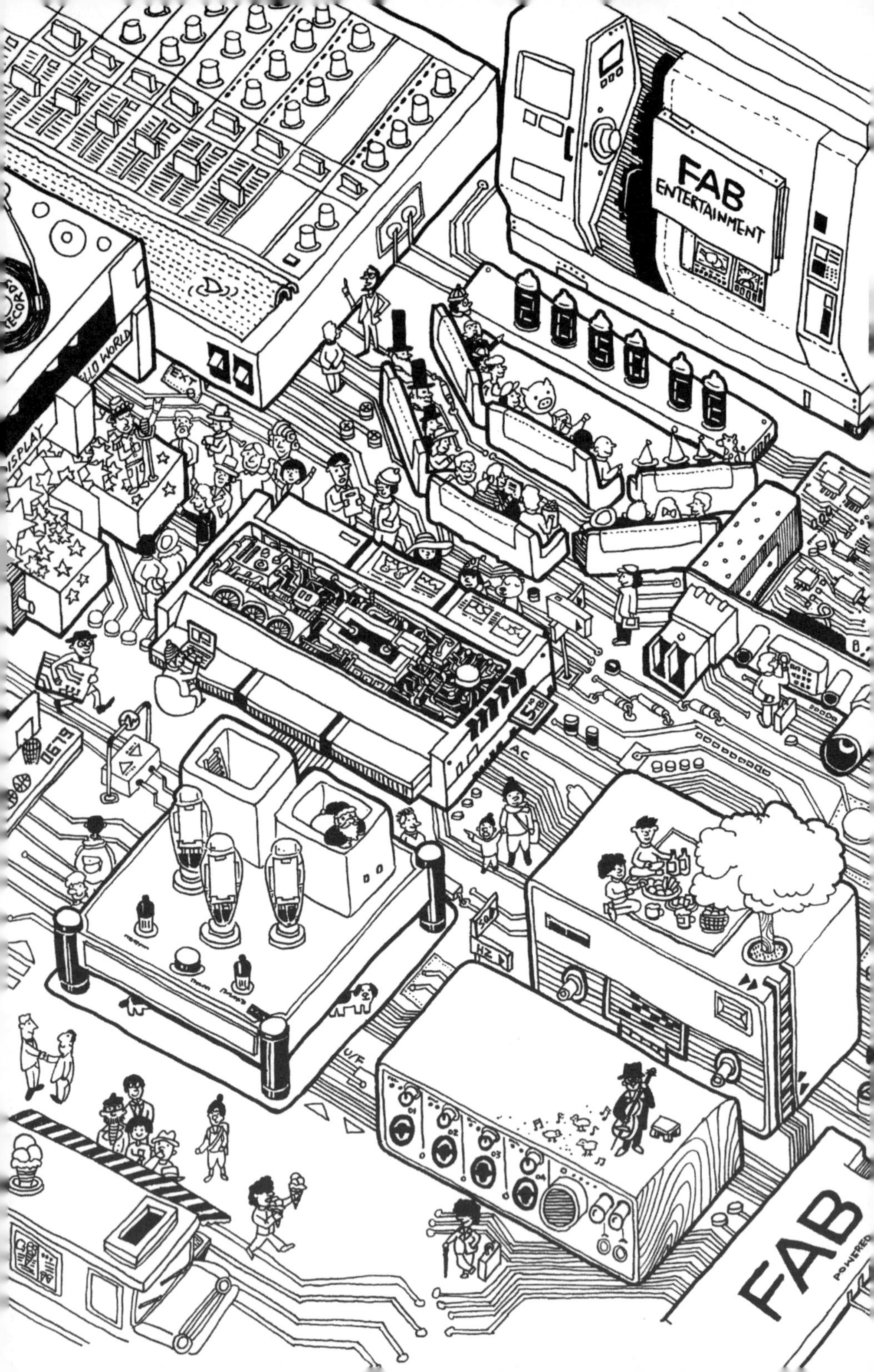
FAB
ENTERTAINMENT
EXT
AC
HZ
U/F
FAB

未来

本书将大型计算机向个人计算机的发展过程类比为机床向个人制造的转变过程，这个说法其实并不十分确切。机床的计算对应物是生产年代早于大型计算机的一种“模拟计算机”。模拟计算机能够解决涉及到连续量的问题，例如找到大炮击中炮兵目标的瞄准角度。其中类似于射击距离这样的变量，会通过一系列物理特性表现出来，比如齿轮转动的角度或流经电子管的电流。当模拟计算机解决的方程式与这些变量相关。模拟计算机通过运算一个包含所有变量的方程式找出答案。齿轮外形上的任何瑕疵或者电子管中的电气噪声都会导致结果的误差，并且这些误差会随着时间不断累积。长此以往，模拟计算机使用的时间越长，最终计算结果的精确度就会越低。铣床也存在着同样的问题。它运行的时候不断地定位铣刀（切削工具）， 铣刀形状的任何缺陷或者定位位置的测量误差都将会造成零部件在形状上不可修复的差错。

麻省理工学院的第一台模拟计算机堪称当时最严谨、最精良的模拟计算机——范内瓦·布什（Vannevar Bush）于1931年创造的微分分析机。后来成为麻省理工学院工程院院长的范内瓦·布什在二战期间以及二战结束后都致力于美国国家研究，并创立相关研究机构。而他的学生克劳德·香农（Claude Shannon）则推进了数字革命的进程。

微分分析仪由发动机、钢轴、齿轮等构成，其工作原理是电动机通过齿轮使钢轴转动起来，转动的钢轴可以模拟相关变量的连续方程式（微分方程式）运算，从而能够解答诸如高射炮瞄准和电力网操控等问题。通过设置齿轮的转动在某个地点与其他齿轮发生偏向，钢轴的连续方式也随之发生变化，旋转的相对速率不断合计，最终得出计算结果。微分分析仪在当时被视作一个重大的突破，时任麻省理工学院电气工程院的院长宣称，微分分析仪将会成为开启机械化演算新时代的标志。

由于香农在微分分析仪的研究使用中发现一些极其严重的限制，因而我们的社会步入了信息时代而非机械化演算的时代。微分分析仪重达100吨，启动运算时需要数日来设置齿轮的比例和电动轴的连接方式，因此是一个很费时费力的过程。对于香农而言，他有义务持续地改进和维护这台机器。但是即使当一切都运行正常，操作微分分析仪时的每一步有大约10%的出错率。

正当香农埋头努力改进这台笨拙的古怪装置时，他突然想到在本科课程学到的布尔逻辑可以提供一种替代方法来表示齿轮转动的信息。1854 年，乔治·布尔（George Boole）出版了《思维研究的规律——逻辑与概率的数学理论基础》（*An investigation in to the Laws of Thought, on Which are founded the Mathematical Theories of Logic and Probabilities*）一书，该书诠释了如何用代数方式程来表达和分析是非逻辑命题，诚如书的副标题，从而奠定了逻辑与概率的数学理论基础。例如，命题“是否出门携带雨具”可以被写作方程式“*RvF=U*”，如果下雨，则方程中的变量 R 为“真”；如果天气预报有雨，则 F 为“真”；如果你本应该携带雨伞，则 U 为“真”；而若 R 或 F 任意一者为“真”时，V 相当于“OR”则表示“真”。而更加复杂的布尔方程式则可以与可观察症状的医学诊断逻辑相对应。香农意识到布尔的逻辑符号可以和一些物理量相对应，比如，电路中电压存在与否可以用真命题或假命题来表示，从而让一个电路来解决逻辑的离散方程而非模拟计算机的连续方程。1937 年，年仅 22 岁的香农写下了堪称有史以来最意义非凡的硕士论文《继电器与开关电路的符号分析》（“A Symbolic Analysis of Relay and Switching Circuits”），该论文为之后的数字技术的发展奠定了基础。

1941 年，香农加入了贝尔实验室，从事长途电话线的效率问题和案例问题的调查研究。1948 年，他在《贝尔系统技术期刊》（*Bell Systems Technical Journal*）上发表了名为《通信的数学原理》（“A Mathematical Theory of Communication”）的论文，该论文揭示了数字通信改变世界的巨大影响。1948 年，最大的通信电缆可以同时传递 1800 个音频电话，然而不断快速增长的通信需求已经远远超过了它的容量。面对这种情况，工程师们找到了更好的解决方法，即使用电线来传递电话信号，从而不用在传播过程中停下来区分作为传播介质的电线和作为信息被传播的电话。很显然，电话线的职责是接通电话呼叫，而工程师们的工作则是负责连接电话机。

电话的原理是先将声波转化成电波，然后通过电线传输电波，最后在另一台电话机中尽量准确地将电波再还原为声波。在将电波转化为声波的过程中不可避免地会出现一些误差，这是因为电线中的电噪声和电干扰会削弱信号，并且随着整个电话系统噪声的不断累积，单个线路中的信号误差也会越来越大。

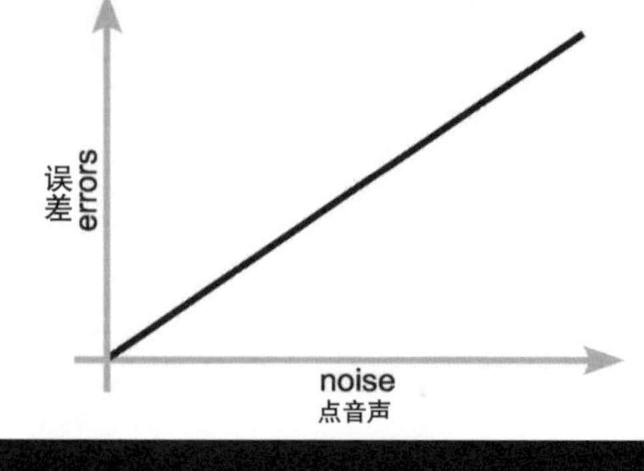

然而，不断尝试提高通话系统性能的工程师们也将会找到更聪明的办法来发送传递信号，让由于电噪音的积累而造成的信号误差变得越来越小。

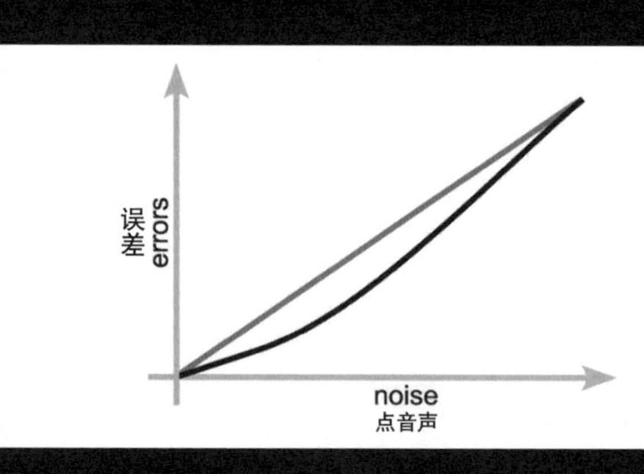

香农的能力及研究成果远远超过了这些不断改进的工作，向世人展现了智慧运用的最大限度。对于未来电话系统的发展，他的研究结论虽有一些不尽如人意的地方，但同时也给予了很多正确且令人鼓舞的信息。

他的硕士论文把布尔代数的“真”与“假”和电路系统的“开”和“关”对应起来，并用 1 和 0 表示，在电子学中引入了新的概念，这是一个具有深远意义的跨越。他的同事约翰 · 塔基（John Tukey）将“0”和“1”的表达方式称为“比特”（bits），是“二进制数字”（binary digits）的缩写。这种表示方法不仅给香农提供一个更为精确的方法来衡量电噪声及其产生误差的大小，同时对未来互联网中音频、视频和文本的交叉混合编排具有独到的预见性。然而需要注意的是，在当时，数字网络还遥不可及，而电话线的作用则相当于扬声器导线，用于传递电话之间的音频信号。

香农还发现，在数码信息的传播过程中，电噪声与电噪声产生的误差之间的函数关系有着很大不同。

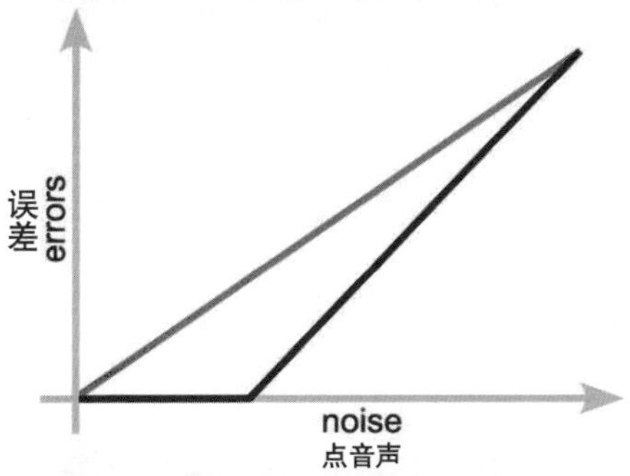

误差
errors
noise
点音声

在这条曲线里，存在一个被称为“阈值”（shreshold，又称临界点的节点。在某个噪声值下（取决于整个电话系统细节），误差率完全不受电噪声的大小影响；但是当电噪声的值超过阈值后，误差率开始增加。这个“阈值”与工程学之前出现的东西都大不相同。对小于阈值的情况进行研究，香农发现即使是含有缺陷组件的电话系统在实际运作中也能完美地完成工作，即够毫无误差地传递信息。而阈值的出现，便是我们今天能够实现数字通信的关键和原因。

鉴于电话系统中电噪声数量的大小和信号能量的强烈的关系，误差阈值与通信容量相关。当传送的二进制数低于某个比率时（再次强调，这取决于整个电话系统的细节），那么数据便可以准确无误地送达；但是如果高于那个特定的比率，就会产生误差。坏消息就是阈值的存在性问题，因为电话系统的改进和优化总会存在一个极限。正如光速对信号在宇宙中的传播速度设置了一个限制，香农的研究结论让我们看到了能够被准确传递的信息是存在一定的数量限制的。然而阈值的存在也有其积极的一面，虽然工程改进只能不断地缩小误差，但是至少在性质上表明实际运用中实现零误差并非没有可能。

随后的数字通信系统实现了零误差通信。该系统能够连接全球信号在传递信号的过程中，音频信号和数码数据间的转化无损进行，无需任留任何模拟波形。然而传输信息的容量一直没有达到极限，一根光纤的传输率已从每秒几千比特提高的到每秒数百万比特、数十亿比特，以及现在的数万亿比特。

在二进制数字系统中，每一位都可以用“0”或“1”的计数值来表示。由于电噪声的影响，如果位数值达到了 0.1 或 0.9 的模拟值，那么误差便可被识别并校正。如果噪声大到使位数值在 0 和 1 之间反转，那么此时的误差便不能仅仅通过位数来修正了。但是也并非没有解决的办法，如果反转的位数值被发送三次的话，“多数票决”（majority vote）效应便发生了，反转位数误差得到校正，因为受噪声影响比特发生反转的概率达到 2/3 的情况下，错误才会发生。更加复杂的方案不但可以更正出现的误差，甚至还可以解决比这更加复杂棘手的问题。这就是“数字校正算法”（digital error correction）的本质：在发送传递信号之前，有计划地给信号加入附加信息，然后通过这些附加的多余信息来检测并更正出现的误差。

香农的这套研究理论为后来的信息论奠定了基础，也是直到那时，信息论存在的必要性和重要性才被明确和重视。信息论的发展和不断完善是在通信情境中实现，但是这些理论对所有最终运用数字技术的工业都产生了重大的影响。最重要的是，在这些理论的指导帮助下，将单个看起来不那么完美的元件构造成整体上可靠的计算机成为现实。

1945 年，香农的指导教授范内瓦·布什写了一篇非常具有预见性的论文《诚如我思》（“As We May Think”）。在这篇论文中，范内瓦阐述了随着技术的发展，将会出现一批兼具推理性能和记忆性能的应用，如时继电器、真空管及缩微胶片等。尽管他对这些应用没有进行十分具体的说明，但是他有关计算机可能最终能够像机械设备操纵材料一样灵巧熟练地操纵思想的暗示是准确无误的。

实践证明，发明信息处理器的关键是对香农有关通信计算思想的应用。他对于完美的数字通信的可能性的证明是一项非凡的成就，并且这些理论很大程度上为后来发明出的完美的数字电脑做出了重大贡献。而对计算系统中误差更正的可能性及其影响——这一研究成果继 20 世纪 50 年代出现在香农的文章后，还在沃伦·麦卡洛（Warren McCullough）、约翰·冯·诺依曼（John von Neumann）、萨缪尔·威诺格拉德（Shmuel Winograd）、杰克·考万（Jack Cowan）和其他同事的论文中得以继续研究讨论。

计算实际上可以被视作一种通信形式，通过计算机来传递和发送讯息。同样地，在计算机与计算机的通信过程中，添加附加的信息然后进行消除，以此来找到错误并保留原有信息，因此，计算机通过冗余计算来实现误差更正是能够实现的。冯·诺依曼对分离信号进入冗余路径的逻辑线路进行了分析，并将它们的分析结果结合到了一起：

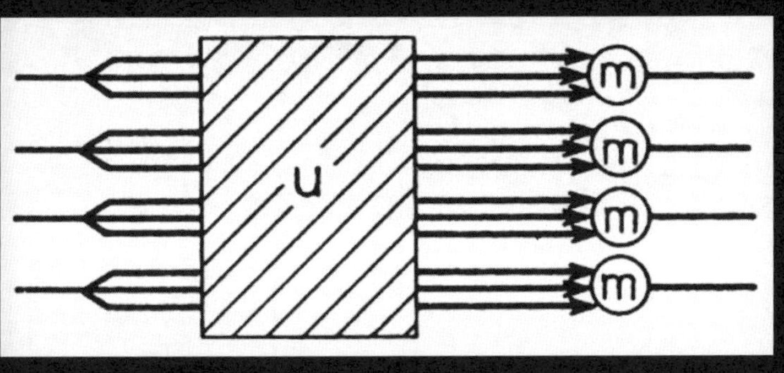

上图中，带有圆圈的“m”标记就是他所谓的“多元件”（majority organs），它们对经过标记为“u”计算元件（computing element）的多余信号进行表决。与香农一样，冯·诺依曼证明了这些线路同样也具有阈值性质。只要线路中的误差比率小于某个临界值（临界值的大小取决于该系统的具体情况），那么即使所有的元件都不完美，整个线路还是可以得到精确的答案。香农的研究成果引导了信息论的发展，同样地，而冯·诺依曼的研究发现则为容错计算的理论奠定了基础。

可以说，正是计算系统中误差比率阈值的存在使得计算机的问世成为可能。你也许会担心存电脑软件会崩溃，但你根本无需担心电子表格中的数据有一天会消失。信息加工过程中也存在阈值，这一研究成果的发现并不像香农关于通信阈值的研究那么闻名于世，这是因为信息加工过程是在硬件中进行，但是却在冗余计算机中发挥作用，这种冗余计算机常用于飞机或者 ATM 机的安全保障工作。

冯·诺依曼对计算中容错系统的证实，表明了不那么完美的逻辑元素也可以进行完美的逻辑操作。现实世界的每个元件都有其实际限制，若要从中发展如范内瓦·布什的智能机器一样的抽象理念，却是有路可循。复制是生命的基本属性，冯·诺依曼耗尽余生精力都在对此进行研究。1957 年，暮年的他还在从事专题著作《自复制自动机理论》（*Theory of Self-Reproducing Automate*）的撰写。

冯·诺依曼构想了一台自动机，这是一个离散数学模型机器。就像巴贝奇及其早期关于机械分析机的计划，他的概念也超出了他所在的那个时代的制造技术。他设想的机器不仅能够计算，还可以制造，它有一个可以延长的“臂”，用于建造自己的复制品，然后机器的操作程序也被植入到复制机器中，于是这台复制而成的机器就可以复制自己，制造另一台复制机器了。如下图所示，“内存控制”（Memory Control）存储了建造自动机的描述程序，建设单位（Constructing Unit）控制着臂，而新的内存控制和建设单位通过臂中的元细胞到达复制品：

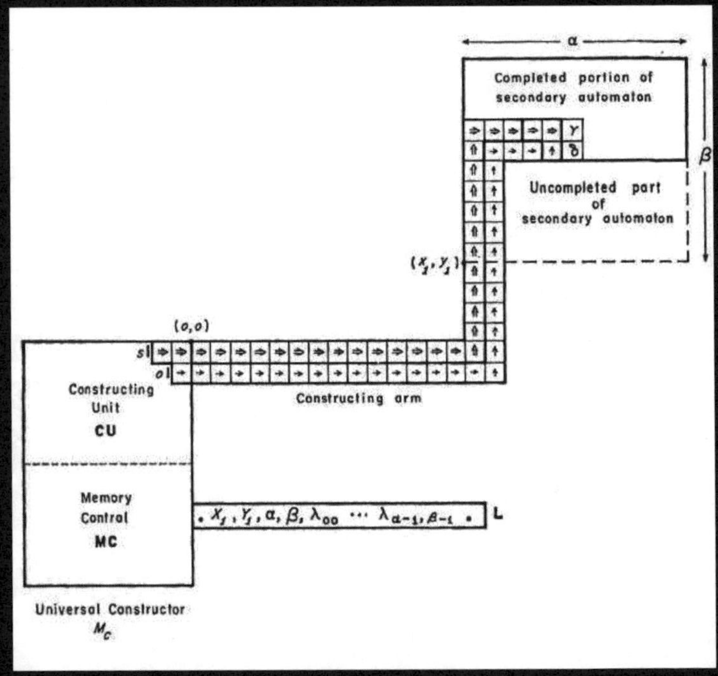

这一过程的本质很好地总结了我们的存在。我们人类的细胞包含着自我建设的计划，与此同时我们的大部分活动致力于执行这些计划。

冯·诺依曼把研究这样的机器的过程作为智力练习，但它现在是严肃的实验研究课题。在麻省理工学院，一个新生代学生——索尔·格里菲斯（见“飞鸟与自行车”这一章节）尝试使用包含编码指令的材料，制造出一台真正的机械装配机器。在一个版本中，他发明了一种会根据表面的磁铁互相吸引或排斥的机械瓷砖。当它们聚集在一条长链中时，这条链会根据瓷砖的排列顺序折叠成任何所需的形状，这里形成了字母“MIT”：

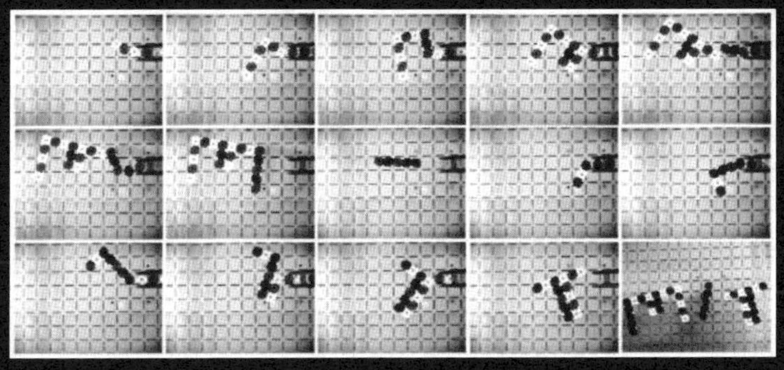

“MIT”的制造过程相较于我们所认为的最先进的制造流程，就像一个价值一百亿美元的芯片工厂相较于大型喷气式客机工厂。在芯片工厂，大量计算用于设计芯片，芯片用于建造电脑。与几千年前的工匠制作相比，其制造过程并没有发生太多的变化：材料层沉淀、绘制图案及烧烤成型。在两者中，材料本身都是不变的。数控铣床制造飞机结构部件的过程也是如此：大量的计算用于设计飞机和控制相关工具，而且飞机本身也装配了嵌入式计算机，但实际制造过程还是把一个个金属零件敲打进固定的金属块。智能只是机器本身之外的东西。

但是，紧尔用一种截然不同的方法来制造他的“MIT”。他选择砖的排列顺序，然后简单地排布出来。所有的制造信息都被编码到材料中，所以描述过程和制造过程是融为一体的。这台机器完全可以阅读、理解嵌入的讯息，并在内部执行自我组装命令。

将这种可编程材料运用于现代制造业还远远不能实现，但它已经存在于我们周围。事实上，它们就在我们的身体里。细胞内部有一个不寻常的分子机器，它被称为核糖体：

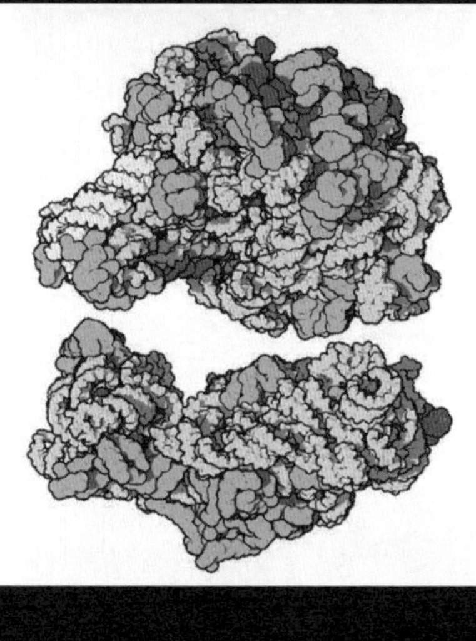

这对分子是由超过 100 000 个原子组成的。它们的宽度约为 50 纳米（1 纳米是十亿分之一米），是人类头发宽度的 1/1 000。核糖体就是你的身体生成构成它所必须的蛋白质的场所。

蛋白质的合成指令通过一个被称为“信使核糖核酸”（messenger RNA，mRNA）的长分子到达核糖体。mRNA 是由 4 种更小的核苷酸分子构成的：腺嘌呤（A）、鸟嘌呤（G）、胞嘧啶（C）和尿嘧啶（U）。三个核苷酸分子组成一个密码子，密码子是一套关于蛋白质的氨基酸序列的密码，用于蛋白质合成，mRNA 的密码子共决定了 20 种氨基酸序列。同时，核糖体周围分布着“转运核糖核酸”（transfer RNA，tRNA），每个 tRNA 携带一种氨基酸。当一个 mRNA 进入核糖体，与其密码子的排列相匹配的 tRNA 就会进入核糖体与之连结，A 与 U 连结，C 与 G 连结，

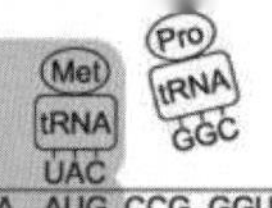

如图所示，起始密码（AUG）合成了“蛋氨酸”（Methionine，Met）。当一个 tRNA 与 mRNA 结合好后，核糖体会移动一个位置，这个新位置会完成另一次结合。如图，新位置进入了另一个 mRNA，携带脯氨酸（Proline，Pro）的 tRNA 通过化学键与之连结。之后空的 tRNA 退出核糖体，寻找并再次携带新的氨基酸分子，同时核糖体又移动一个位置，等待新的氨基酸“甘氨酸”（Glycine，Gly）的到来。连结好的甘氨酸附着脯氨酸后以延伸形成蛋白质，就像索尔那个会不断延伸的瓷砖长链，核糖体会沿着 mRNA 的进入移动更多的位置，让 mRNA 和 tRNA 的连结一直持续进行，直到所有的氨基酸都排列好，可以形成一个蛋白质分子。蛋白质的内部结构组合好后，它会离开核糖体，并依据自己的功能形塑成最终的样子，如同索尔的长链最后拼出了“MIT”字样。这就是你身体里的蛋白质生成的过程，其实就是核糖体的制造过程——核糖体可以自己制造自己。

香农和冯·诺依曼可能会思考核糖体是如何构建一个蛋白质的，但不会是从一个分子生物学家的角度来思考。首先，遗传密码是过剩的。三个核苷酸有 4 x 4 x 4 = 64 种排列组合的可能，但它们仅包含了 20 种氨基酸代码。在其余的密码子中，有一些是具有控制功能的，如终止密码子，它决定了什么时候终止合成蛋白质；但其他则是提供纠错的冗余代码。然后，在 tRNA 到达和氨基酸连结的过程中，核糖体可以捕获这些步骤中发生的一些基本错误。所有这一切意味着，核糖体犯错的概率只有万分之一。另一种分子，“脱氧核糖核酸聚合酶”（DNA polymerase），与核糖体运行相似，但它在细胞分裂时所进行的拷贝 DNA 工作更为精细。DNA 聚合酶另外增加了校对操作来检查和修复自己的工作，其错误率的不到十亿分之一。这是一个不可思议的数字！这些分子在细胞内混乱的环境中随机碰撞，但是他们的信度让任何制造商嫉妒。这是通过逻辑构建实现的，即通过执行（基因）代码指令来运行一个（分子）程序，即使依照最严格的定义，核糖体和 DNA 聚合酶都是计算机。

这是一个模式：香农表示数字编码可以让一个不完美的通信系统完美地发送一条讯息。冯·诺依曼和他的同事们发现，数字编码可以让不完美的电路计算出完美的答案。同样，核糖体表明数字编码允许不完美的分子构建完美的蛋白质。这就是你周围的生物，包括你，是如何由原子组成的。一个人的形成大约需要 10^{25} 颗原子精确地放置，这是一个每时每都在发生的奇迹。制作过程中纠错的作用接近于任何我所知道的生命秘密。

从核糖体的例子中，我们可以看到，计算在制造中的作用，相当于数字化在可靠通信中的作用。这暗示了另外一个类比，引发数字制造的革命，与先前引发数字通信和数字计算的革命会有诸多相似之处。基于核糖体的制造过程——其材料包含了自身的结构代码，其建造工具通过计算的方式进行构造，按上述类比来说，这将是一场制造工艺的革命。在核糖体中，计算不是一种事后添加的功能，它本能地存在于其运作模式中。控制铣床的计算机是独立于铣床之外的，而核糖体的计算机不能从中剥离出去——因为核糖体本身就是计算机。如今，我们最先进的工厂还是使用数字电脑来操控模拟材料；在数字制造时代，智能化将嵌入整个装配过程，数字制造所带来的巨大优势和积极影响不亚于数字通信和数字计算。不完美的机器也可以制造出极其复杂却又完美的组件。

将数字制造称为一项制造工艺，其实这是一种冒着矮化它的风险的表达。在通信和计算领域，当初对于在电路中发现的阈值的枯燥描述掩盖了它最终在诸多方向的创造性运用，如网址、便携式音乐播放器和视频游戏等。任何预言可编程制造将会有多大运用前景的行为，就像让那个年代的香农或冯·诺依曼预测互联网和计算机在未来的使用情况一样，是不可靠也是不现实的。不过，按照前文关于数字化计算和数字化制造的类比，这或许是最终的答案：个性化。我可能想要一个让人尖叫的便携式个人空间，你可能需要一套善于分析的农业工具。数字通信和数字计算的真正影响力在于它赋予普通人控制生活中大量信息的能力；而个人制造的真正魅力在于给予每个人掌控其物质世界的能力：个人可以自己编程以制造万物。

早期的信息技术由通信和计算的阈值研究发展而来，阈值理论让前所未有、规模巨大且结构复杂的工程系统的建造成为可能。随着互联网和计算机的发展，其自身添加了许多之前从未考虑的组件，即使是最新的零部件运作起来也和最传统的一样可靠。同样地，数字制造让不完美的微型组件建造出完美的大型物体，而微型组件的数量不仅仅只是3 个或 10^3（1 000）个，最终会达到 10^{23} 这样的数量级。（6.023……×1023 被称为阿伏加德罗常数（Avogadro's number），是科学们用来表示微粒数的重要常量；它相当于 1 立方厘米的理想气体所含有的分子数量。该常数以意大利化学家阿莫迪欧 · 阿伏伽德罗（Amedeo Avogadro）的名字命名，阿伏伽德罗在 1811 年提出了这一假设：在特定的温度与压力下，气体的体积与所含的分子或原子数量成正比。）

制造阿伏伽德罗级别的复杂工程系统需要新的工程设计方法。如果一份传统的 CAD 文档输出 10^{23} 个零部件，其输出大小大概和制造对象一样大。更糟糕的是，基于目前工程师们遇到的问题——在具有数百万或数十亿组件的工程体系中经常会发生各种无法预测的问题，那么要保证更大型工程系统的每个部分都乖乖地按设计师的设计来运作也是不可能的。与数字制造发展相关的一个知识前沿是“关联设计理论”（associated design theory）的发展，该理论阐述了一个庞大又复杂的机械如何在不需要描述制造过程细节的情况下被制造出来。这项工作所面临的挑战是，其严格和精确标准不亚于如今的工程师要详细说明如何操作一架飞机或装配电脑芯片。借助仿生学来管理复杂的工程系统并不总是那么成功，因为仿生物技术通常只是对一些有趣的例子有效，比如，受某种生物启发而制成的电路或结构在玩具测试中的效果很好，但没有任何人保证它同样能够出色完成现实的工程任务和挑战。不过这也给了我们一个有趣的提示，要在严格遵守工程设计规律的前提下利用生物学。只有在充分理解设计目的，精确描述设计方案的基础上，才能得到一个完美的仿生学工程体系。香农成功地将布尔逻辑运算用于开关电路分析，而这些有关阿伏伽德罗级复杂工程的新兴见解也展示了如何创造方程式的物理表达形式，如“数学程序”（mathematical programs），用于表示目标和使用条件。

逻辑建造和数字编程促进了数字制造理论的兴起，就像逻辑和数学的引入推动了早期数字通信与数字计算的发展。实验室里有关研发可编程式制造机器的研究课题很好地体现了这些思路，比如建造一个分子装配机器，或缩小诸如索尔的瓷砖这类机器的机械模型。可编程式制造机器的工作方式将会类似于核糖体，但却不受生物进化的限制，因此可以制造出任何想要的形状、大小；同时随着一些标准化的材料和结构的创建，这些机器还可以使用各种非生物学材料，如钢铁或半导体等。

可编程数字制造商最终有可能将我们的课程“如何创制(几乎)万物”中的“几乎”二字删除，它所带来的普及性将会与现在的电脑所带来的普及性一样。实际上，“如何创制万物”也不完全是正确的，正确的标题将变成“如何创制（和恢复）万物”，因为数字制造的反面是数字回收。就像一个孩子的乐高积木可以回收到玩具箱中，或者肥堆中的细菌可以分解有机废物并回收其分子组成，数字制造的流程是可逆的，有构建它们的工具也有可以摧毁它们的工具。垃圾是一个模拟的概念，基于建造事物的方法和事物本身的明确区分。数字化建造的材料可以包含拆解自身所需的信息。数字计算机已经可以用“收集垃圾”来删除不需要的字节，从中恢复储存空间，数字（拆解）组装器也可以做同样的事情，从不需要的东西中回收和再利用它们的原材料。

有趣的是，数字制造于20世纪50年代发明的说法基本正确，但又不完全对。约翰·冯·诺依曼的自复制自动机是一种离散数学模型机器，它先利用数字计算后得出工程想法。与此同时，在思考自复制自动机的人也在考虑容错计算机。我们一直在倡导通过计算让不完美的部分建造出完美的事物，但没有任何记录表明这一想法是否可以联系到比冯·诺依曼的年代更早的时代。

实际上，可自我复制的发明已经有几十亿年的历史，可以追溯到蛋白质的第一次进化和转译。现在，新兴的制造理论就像任何科学理论一样，描述和规范这一领域。它有助于解释编译和纠错的中心法则如何在生物中构建，并对非生物的制造者不断发展以超越生物学的局限有帮助。

生物学和工程学之间并不会有多大差别。除去长久以来哲学和宗教在定义生命上的迷人的（有争议的）争论，让我们纯粹地从现象方面来描述一台计算机器，它可以复制、编程和回收自己，其实它就拥有了生命系统的本质属性。冯·诺依曼研究自复制自动机，是为了了解生命；在此理解下已经创造了一些非常像生物的东西。一旦机器有足够能力来进行自我繁殖，那么个人制造和制造个人就没有多大差别了。

快乐

2000年，太阳微系统的首席科学家比尔·乔伊（Bill Joy）在《连线》杂志（*Wired*）上发表了一篇有影响也非常有见地的文章《为什么未来不需要我们》（“Why the future doesn't need us”）。在这篇文章中，他谈到了这种能够自我组装的小机器人（在“未来”一章节中有详细描述）对未来人类生存的威胁，并且认为我们应当主动放弃继续开发这种技术的努力。考虑到个人制造的未来，我们的确必须考虑这种生产方式的走向及其目标，并且我们也要思考该如何走向这个目标。现有的技术状况让我们可以很好地洞察个人制造是会威胁我们的未来，还是会改进我们的生活。

技术专家往往看不准他们的技术在未来的走向。比尔·乔伊认为机器人技术、基因工程和生物技术和我们人类以前开发出的技术都有很大的不同，而人类不能对以上这三种技术的开发听之任之，因为它们的发展对人类最根本的层面产生着影响，而且这些技术在某些情况下也是非常危险的。有两个理由可以说明这些技术与以往技术的不同：

第一，获取这些技术的瓶颈不在于你掌握资源的多寡，而在于相关技术知识的获取。比如要生产核武器，我们需要庞大且极其昂贵的供应链条来获取钚和制造钚弹。所有这些机器设备和相关资金都无法遁形。如果是生产蛋白质，我们只需要一些很容易获取的试剂，在一张试验台上将它们混合起来。这时候想法是最重要的，因为不像稀缺物理资源一样受到外界的诸多限制。

第二，基因和机器人可以产生出更多的基因，更多的机器人。在上一章中我提到了自我复制是一种指数增长。1 个细菌可以分解和产生 2 个细菌，2 个变成 4 个，4 个变 8 个，8 个变成 16 个，最后变成一场瘟疫。如果一种新技术能够真的实现自我生产，那么这将会造成一场技术瘟疫，无限地生长、扩张直到耗尽地球的资源。

埃里克·德雷克斯勒（Eric Drexler）是一位纳米技术领域的先驱，在他 1986 年出版的书《创造的发动机：即将到来的纳米时代》（*Engines of Creation: The Coming Era of Nanotechnology*）中把以上这种情况叫做“灰色粘质”（gray goo），书中提到的纳米技术是在纳米级别上运作的，相当于在原子的层面。埃里克在书中绘声绘色（或是枯燥乏味）地描述了将来可能会存在的纳米机器人，称之为一种灰色粘质，因为它会在人们肉眼看不见的情况下具有自我繁殖的可能性。

这种令人害怕的前景导致了反对声浪，有时候反对的声音很强烈，有来自研究人员的反对、有来自英国查尔斯王子的反对，也有来自环境保护主义者和生存主义者的反对。如果可自我复制生产机器真的能占领我们的星球，而我们唯一制止的办法是限制这种技术知识的扩散，那我们注定要失败，因为知识无法被控制。无论是出于恶意、温和的忽视还是错误的乐观，一个技术意义上的“伤寒玛丽”（typhoid Mary）有可能摧毁所有人和所有事物。

不过，如果那真的发生我们就完了，但是我们有很多理由来认为那不会发生。纳米机器人技术的确和以往的技术对人类的威胁是不同的：一是它们是可以指数般增长；二是以往的威胁在原材料和资源的获取上得到控制，而这在面对纳米机器人时却不行。其实每一次新技术在出现时，它们对人类威胁性的一面都要大过以往的技术。枪炮给人类战争带了新的变化，使远距离杀戮成为可能，导致盔甲被淘汰。然后出现了核武器，它可以摧毁整座城市，而不是只伤害个人。最近的情况是黑客通过远距离操控就可以导致整个网络和电脑的瘫痪，造成高达数十亿美元的经济损失，早已互联网化的全球经济正在受到计算机病毒的严峻挑战。

我们成功地生存到现在是因为在评估了这些新技术的威胁后，发展出了应对措施。枪弹不再是致命的了，警察和士兵们有了防弹衣和防弹盾牌可以保护他们，这在过去的铁匠眼里是无法想象的。对于核武器的威胁来说，要建立像星球大战那样的防护网是极其昂贵的，并且这种防护还停留在科幻小说中，但是其他一系列措施却是可以阻遏原子武器的，比如核威慑和核武器不扩散条约的签署，包括对核原料的监管和控制，这些都带来了历史上前所未有的对使用这种令人生畏的武器的限制。核武器研发之初，它代表了一种难以想象的威力。美国对第一颗原子弹进行试爆时，格罗夫将军（General Groves）对恩里克·费米（Enrico Fermi）提出的关于这场试验是否会点燃地球大气或者新墨西哥州上空的大气的赌注感到很困扰。汉斯·贝斯（Hans Bethe）却证明了点燃大气是不可能发生的，并且预测原子武器将来会成为一门精密科学。在使用 20 世纪的技术时却预测这些技术可能会成为 21 世纪的威胁，这种想法可能是错误的。

历史证明了技术的发展伴随着它们的设计工具和应对措施的发展。计算机病毒制造者发现了因特网和操作系统中的漏洞，但是相关计算机软件（防火墙、软件补丁、电子邮件过滤器）和其他非技术手段的组合（金融债务、法律起诉）虽然没有能够完全消除计算机病毒但是把它们限制到了一个基本可控的范围。同样的事情也发生在了可自我复制生产的一个现实例子上：艾滋病病毒（HIV）。

让人们感到吃惊的不是现在庞大的艾滋病感染群体的人数，而是这种疾病本身的厉害程度。造成艾滋病的 HIV 病毒有着一种恶魔般聪明的机制。HIV 是一种近乎于纯粹的信息形式。艾滋病病毒仅有 100 纳米长，因为体型太小而无法行移动较长的距离，也无法携带很多能量；它通过劫持寄生细胞来获取资源。HIV 通过 3 种酶来实现这种劫持：第一种酶是反转录酶，把 HIV 的 RNA 转换成 DNA；第二种酶是整合酶，把转换而来的 HIV 病毒 DNA 拼接整合到被寄生细胞的 DNA 中；这时当被寄生细胞把自身的 DNA 转变成蛋白质，第三种酶“蛋白酶”，就会分裂蛋白质来合成新的病毒。这个过程非常有效且精确，因为 DNA 聚合酶的长度有效地保证了复制的可靠性。DNA 的复制过程是小心翼翼地被控制着的，细胞信任 DNA 中的信息，不会去检查或是防止 DNA 信息被篡改。一般的转录方式是从 DNA 到 RNA，而反转录的方向则相反，从 RNA 到 DNA，并且因为艾滋病病毒不会修正它的反转录方式，这就引入了一种机制使得病毒的基因能够快速地突变，从而帮助病毒躲避免疫系统的攻击。但这样的反转录暴露了病毒自身的弱点，攻击反转录的过程变成了治疗艾滋病药物的方向，进而干扰和破坏整个反转录过程。

艾滋病病毒的生命机制和特征体现了目前我们生物学、化学、物理学和计算机科学领域最前沿的研究。很难想象我们会遇到一种比 HIV 病毒自我复制能力还要强的机器。就算我们遇到，那么这种机器也需要与其他病毒和细菌争夺地球上的自然资源，而它们已经花了数十亿年的时间进化出最优的结构和生存方式。分子机器人也将需要面对同样的挑战，包括获取能量、排除废弃物和抵御限制它们成长的、来自生物界“前辈”的威胁。

埃里克·德雷克斯勒开始后悔杜撰了“灰色粘质”这个词，因为它影响了纳米技术的发展。这种从可编程的分子装配发展而来的技术本身是令人感到新奇的，具有广阔的发展空间和应用范畴。纳米技术的研发战略需要数十亿美元的投入，这通常占据媒体的大版面，但是很少有研究微观领域的科学家称他们研究的是纳米科技。分子生物学家现在正在研发最小的细胞体，可以通过刮擦或是简化现有细胞，从而制造出一种可控的生物反应器来生产药物和化学物质。化学家正在研究一种新的材料，这种材料能够自我组装，像搭积木一样自我搭建起来。应用物理学家研发更加强大的信息技术，这种技术能够操纵单个原子、电子或光子。原子级别的数字制造已然出现，并且会持续不断地向前推进；它现在还是以一种初级的形式，但是它会不断兴起，并在交叉科学领域不断发展。

这个星球被不断增加的分子机器人毁灭看来是一个不大可能的情景，但是如果这种分子制造技术真的出现，一个真正需要关注的问题就出现了，那就是这种技术掌握在谁的手里。当我第一次向满满一屋子的将军们介绍个人制造和数字装配技术的时候，这个话题引起了大家热烈的讨论。一个小组认为我们在发展一种在实验室就能开发的技术，这种技术可能被潜在的袭击者掌握，小组成员们认为需要对这种技术加以控制。另一组则认为这种技术是不可控的，无论如何坏人们都可能想方设法摆脱限制来获取这种技术，并且限制会引起更多冲突。猜一猜我站在哪一边?

坏人为了摧毁自己的对手而尽可能获取现有最好技术的能力已经让人印象深刻了；“数制”工坊实验室帮助每个人获取生存所需的技术，从而对维护世界的和平和稳定有更深远的意义。关于人们是否可以广泛获取个人制造机器的争论，反映了技术的适当性问题在需要它和不怎么需要它的人群中的分歧，这就像是科学技术版本的“不在我的后院”。

我第一次得到回应是关于我早期的一本书《当东西开始思考》(*When Things Start to Think*)，这本书主要探讨了如何将计算功能从计算机带入日常生活。一方面，我收到了很多分享开心和振奋的信，当中这么说“感谢上帝，终于有一种信息技术和我相关了，我需要它来……”，然后他们会开始描述嵌入式芯片运用到他们日常生活中的故事。另一个极端的情况是，我很震惊地看到一篇书评，它认为这本书根本没有讨论任何东西，因为计算机自我思考根本无法实现。暂且不谈关于智能定义的古老的哲学争辩，我这位博学的读者完全没有理解我在书中的观点。嵌入式计算芯片是为了解决一些实际问题，它与认识论无关。分子制造技术也是一样的，这项技术不仅能够使用技术，而且能够创造技术，而技术应当解决什么问题是由使用者而不是评论家来决定的。

现在常常有人叹息孩子们不再对硬件有兴趣了，而等他们长大时很少有人会对技术职业感兴趣。这是数字时代在发展过程中的暂时现象，现在的产品过度强度了信息技术（比特）而非工程技术（原子），就像小孩和大人在电脑屏幕前的感觉一样。孩子们的玩具模仿成年人的工具，当孩子们在玩建筑模型玩具时其实离真实的工程师的工作差得也不远。最近，除了写程序外，其他科学和工程领域的工作都无法在家中完成，因为他们所需要的设备非常的昂贵和专业化。如今这样的情况发生变化了，孩子们可以通过摆玩个人制造的工具来完成本来需要在科研机构中才能实现的事情。

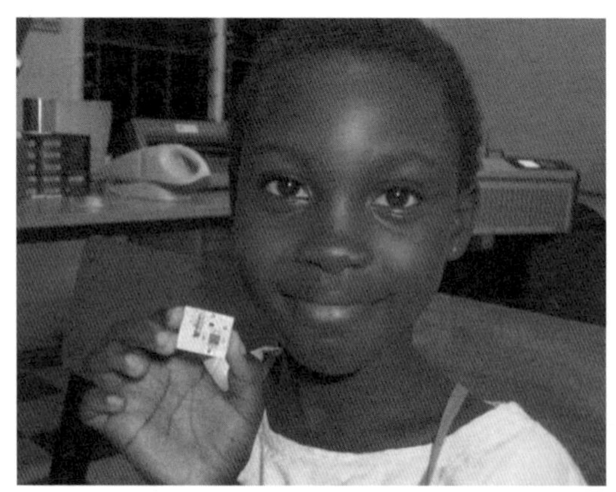

在本书中，我描述了这样一个想法：数字化制造。我已经在书中探究了个人制造的意义，并且阐述了我的观察：我们已然处于个人制造中的微型计算机时代。不过这本书已经得到了最意想不到的回应。随着技术的发展，获取技术工具变成了一种普遍存在的快乐，从部落首领到麻省理工学院的学生，再到街头的孩子们，这跨越了年龄层次和收差距。这是一种孩子分享式的快乐，这是孩子们展现的最美好的东西。

文学艺术本来的意思是解放，通过掌握表达的工具来获得自由的力量。个人制造通过技术赋权让我们拥有了全新的表达方式，使我们的经济、智力，甚至精神世界都得到更大的解放。我相信，最好的关于个人制造未来的解读是在孩子们的身上，当新一代年轻人在“数制”工坊实验室接触到这种技术的原型时，他们脸上的表情最能说明问题。来自世界不同地方的人最终共享一种结果：快乐。

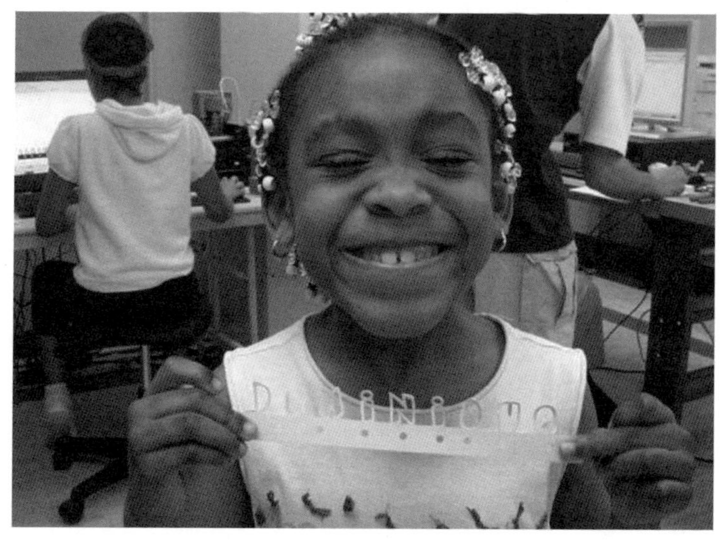

致谢

这本书写起来很不容易，写作过程中经历了金融泡沫破裂、战争跌宕起伏、社会经济转型。在世界巨变的背景下，个人制造的故事在我脑海中产生，它的轨迹贯穿了世界上一些最精彩和最有需求的地方，穿梭在创意的世界里。

在操作层面上，个人制造打破了现有制度的界限。这既是原因，也是结果，从而证明了个人制造与制度变化的关联至少和研究本身一样具有挑战性。麻省理工学院比特和原子研究中心正从原来的“媒体实验室”（Media Lab）发展成为一个跨学校的项目。校园之外，“数制”工坊实验室的前辈们将有关媒体实验室的亚洲项目逐渐发展到了印度，名义上和个人制造没有关系，然而在每个组织都以意想不到的方式发生了本书所列举的故事。

思想上，这本书是基于我前三本书的一个综合和顶点，尽管我并没有意识到之前写的东西逐渐演变成了现在这本书的内容。《当东西开始思考》这本书探讨了计算应当从计算机进入日常生活的原因和方式；《信息技术物理学》（*The Physics of Information Technology*）阐述了操纵信息的物理机制；《数学模型的本质》（*The Nature of Mathematical Modeling*）展示了如何用数学模型来诠释物质世界和虚拟世界。三者结合起来，新增了关于“信息编程”（program bits）和物质编程（program atoms）的描述，并强调了数字化制造与个性化制造和计算一样具有可能性和重要意义。

和之前的书有所不同的是，《智造：一场新的数字革命》既展现了物品又展示了想法。这本书的“书写”不仅仅需要文字，还包括CAD文件、电路图，印刷电路板布局，以及各种各样的计算机编程提供给大小不一的处理器。同样的，《智造》的“读者”已经包括了初具规模的“数制”课程的学生和“数制”工坊的使用者、合作伙伴和朋友们，以及对文字进行伟大审核的CBA项目经理雪莉·拉西特（Sherry

Lassiter）和谢莉·拉维-崔迪科（Shelly Levy-Tzedek）。

如果没有乔·安·米勒（Jo Ann Miller）、伊里斯·里奇满（Iris Richmond）及其珀尔修斯出版社（Perseus Books）和基本图书公司（Basic Books）同事们的耐心编辑和深思熟虑的指导，这本书不可能写出来。正是他们坚持不懈的努力和信念，最终才有了《智造》的出版。

若不是"数制"工坊在全球出人意料的增长速度，这本书也不会甚至不值得被编写，但是现在它的问世已经成为我所参与的最值得被嘉奖的活动之一。在这过程中，我非常幸运地拥有一群睿智又有能力的合作者，包括办公室的雪莉·拉西特（Sherry Lassiter）和在我们世界各地的"数制"工坊的指导活动中满腔热情的CBA能力管理者苏珊·墨菲-博塔里（Susan Murphy-Bottari），领导我们的美国国家基金会项目经理卡马尔·阿卜杜利（Kamal Abdali）和丹妮斯·考德威尔（Denise Caldwell），以及参与最初发行的米塔·迪塞（Mita Desai），还有麻省理工学院的学生们，包括安蒙·米尔纳（Amon Millner）、阿以莎·沃尔科特（Aisha Walcott）、克里斯·里昂（还有前途无量的艾米·孙（Amy Sun）。除了本书中所提到的"数制"工坊，印度的实验室在现任印度坎普尔理工学院主任桑贾伊·德汉得博士（Sanjay Dhande）和该院教员杰布·戈斯瓦米（Debu Goswami）的帮助下在乡村小道上出现并顺利发展。介绍哈肯·卡尔森（Haakon Karlsen）和林根雪山（Lyngen Alps）的内容来自挪威电讯的帕尔·马尔姆（Pal Malm），"数制"工坊的开办也得力于芬欧汇川集团的萨米·莱诺宁（Sami Leinonen）的协助。巴赫金·米卡卡（Bakhtiar Mikhak）和米尔顿·比列加斯（Milton Villegas）在哥斯达黎加发起了"数制"工坊，麻省理工学院的比尔·米切尔（Bill Mitchell）促进了梅尔·金（Mel King）与波士顿南端区域的技术中心的合作，国家经济贸易协会（SETC）的实验室很快也通过罗伯特·巴菲（Robert Baafi）、芮妮·丹姆科尔林（RenceDankerlin）、科菲·埃斯赫（Kofi Essieh），和雷金纳德·杰克森（Reginald Jackson）等人的努力，与加纳建立合作。

在本书的结尾之处，我必须承认在"你好，世界"的例子中使用的模型硬件细节和设备制造商可能很快会过时，但它有比时效性更深远的影响。尽管这些信息瞬息之间就会被淘汰，但我希望它仍然保有作为一个起始点让目前的发展状况跟上时代潮流的价值。用于制作"你好，世界"的硬件的工程档案已经上传到 http://fab.cba.mit.edu/fab 网站上。总之，这本书提供了内容详实的案例信息以方便读者理解和操作，读者甚至可以以此为基础改善、提升，制作更好的"你好，世界"。

过去

我对计算机理论的兴趣是在贝尔实验室、哈佛大学、IBM 以及 MIT 时与一些杰出的计算机领域的先锋者及其合作人一起共事时逐渐培养起来的。非常幸运的是，我们至今还能够一起合作进行研究。尤其是与约翰 · 冯 · 诺依曼（John von Neumann）一起在人工智能领域有着杰出成就的科学家马文 · 闵斯基（Marvin Minsky）是一位不可或缺、极其重要的指导者。回顾过往，从《和谐的三合会：19 世纪德国的物理学家、音乐家和仪器制造商》(*HarmoniousTriads: Physicists, Musicians and Instrument Makers in Nineteenth-Century Germany*）的作者迈尔斯 · 杰克逊（Myles Jackson）——这位历史学家那里，我明白了科学的缔造者们与乐器之间的联系。

硬件

由吉多 · 范 · 罗苏姆（Guigo van Rossum）创立的 Python 语言以及之前编写好的图形程序、数学程序以及 I/O 模块为我以创造快速成型硬件为目的而进行的快速成型软件的研究尝试创造了可能。Python 语言程序的运行原理就像一个“模因”（meme，其演化发展过程都与基因演化过程相似），致使它的转换（就像我展示一样）只能是含糊不清、前后矛盾地表达语言之美(virtues of language)。另外，在本章范例中所使用的 CAM 程序的网站链接为：h t t p: / / fab.cba.mit .edu / fab。

减材制造

本章中所使用的工具成本从几千美元的桌面机（罗兰模型机 MDX-20）和标记切割器（Roland CAMM-1 CX-24），到数万美元的激光切割机（一个 100-watt Universal X2 -100）和加工中心（Haas Super Mini Mill），再到接近十万美元的水流切割机（Omax 2626）。罗兰机器和一个更小的激光切割机（a 35 watt Epilog Legend 24TT）形成的第一个“数制”工坊实验室的核心，它们不仅体现了机器性能，也体现了背后其制造公司的精神。

增材制造

与往常一样，能够与 CBA 的 able shop 的技术员约翰·法兰西斯科（John DiFrancesco）一起研究完成这章中所介绍的样品的设计是很令人愉快的工作经历。其中 Z Corp Z406 完成 3D 打印，注塑使用 WASP Mini-Jector #55，真空成型是 Formech 660 完成的。最后举一个半导体逻辑的打印过程的例子来说明：参见《通过打印技术制造所有的无机场效应晶体管》（“All Inorganic Field Effect Transistors Fabricated by Printing”），引自美国《科学》杂志（*Science*）

制造模型

我所说的建筑层面的印刷成果要归功于在南加州大学任教的比洛克·霍什内维斯（Berok Khoshnevis），他发明了可以泵送混凝土的三维打印机的便携式仿制品。

描述

本章所使用的的位图制图程序是 GIMP，2D 绘图程序隶属于 OpenOffice 公司，而使用的三维程序有 Blender 和 Cobalt，用到的 3D 扫描仪是 KOnica Minnolta VIVID 910。

计算

图表的绘制和印刷电路板的布局运用了 Eagle 程序。在“数制”工坊中使用的微处理器是 Atmel AVR family 系列，包括有 8-pin 的 ATtiny13 和 ATtiny15，20-pin 的 ATtiny26（它是 L 和 V 低功耗低电压版本，还有高速高压变换而来）。这些 A/D、脉宽调变（PWM）、计时器、比较器、放大器、电可擦可读存储器（EEPROM）和高速闪存等元件都被装配在一个调整运转的 RISC 核微处理器中，售价约 1 美元，使得“数制”工坊实验室的项目可以进行。内部电路编程由 UISP 程序实现，使用并行端口电缆，代码则由 avra 汇编程序生成。执行电路板是纸质 CEM 而不是更常见的 FR4 玻璃，延长了工具寿命。1/64 英寸的中心切削铣削刀具来自 SGS Tools（通过大部分经销商购买可获得折扣）。柔性降低电路使用 3 M 的 # 1126 铜带与导电胶，# 214 转移胶粘剂，# 1 环氧树脂薄膜衬底。上述材料可以用 Roetguen 公司的“easy weed”系列刀具进行切割，这也可以从大部分经销商处购得。电子元件从 Digi-Key 网站买来，机械部件由 McMaster-Carr 购买。

仪器

本章最后讨论了“看见”电场的问题，想要进一步了解可以参阅乔希·史密斯（Josh Smith）于 1999 年写成的博士论文《电场成像》（Electric Field Imaging）。本章的电场图像使用了飞思卡尔半导体（Freescale Semiconductor）公司生产的“场成像芯片”（field-imaging line of chip），后来由艾莱希斯（Elesys）公司商业化，用于汽车乘员传感。

通信

对于 Internet 0 的描述，详见尼尔·格申斐尔德的《物联网》（*The Internet of Things*）一书。

互动

电子墨水“Hello World”是由 Ara Knaian E ink 公司提供的。

未来

这一章中所描述的我对未来的想法，受益于和 CBA 同事的热烈讨论，包括索尔·格里菲斯（Saul Griffith），乔·雅各布森（Joe Jacobson），艾克·庄（Ike Chuang），赛斯·劳埃德（Seth Lloyd），和张舒光（音译，Shuguang Zhang）。核糖体的图像由斯克里普斯研究所（Scripps Research Institute）的大卫·S. 古德塞尔（David S. Goodsell）提供，出自他蛋白质数据库的“月度分子”（Molecule of the Month）资料。

快乐

本章中呈现了大量我和同事们在“数制”工坊实验室里收集到人们笑脸盈盈的照片。第一张图片极其形象地记录了加纳实验室（TTI）开幕后的情景，几个人挤在一把椅子上，大大小小的孩子一起操作着设备，正在学习怎样准备激光切割机的设计。第二张图是哈康·卡尔森（Haakon Karlsen）的儿子尤尔根（Jørgen）从后面偷瞥本·莫隆德（Benn Molund）为电子牧羊人项目制作的第一个天线网802.11（Wi-Fi）。第三张是瓦伦蒂娜·科菲（Valentina Kofi），8 岁时她就对 TTI 实验室的电子设备一见钟情。这张照片拍摄于瓦伦蒂娜又一次在实验室里熬夜科研之后，手里抬着自己设计的电路板，将之命名为“Efe”，在非洲西部寓意为“美丽”。这块电路板在微管装配实验室研发完成，它将一个触摸传感器和接在电脑上的微控 LED 连接起来。第四张的快门记录了一个瞬间的奇思妙想。位图图像输入才刚刚加入实验室 CAM 计划，波士顿南端技术中心实验室就有了一台自主的扫描仪，我们马上意识到可以把纸质的图像扫描到激光切割机，成为切割刀具路径，然后以其他材料的形式输出出来。先拿梅里尼（Meleny）的海绵宝宝草图做实验，重新调整它并且切成一块块的卡片，如果她愿意做这项工作，很多想法都能快速实现。唯一的问题就是我之前在“……几乎一切”那里提到的——对高科技产品的灵感和想法。最后一张是多米尼克（Dominique），她是 SETC 里第一位发掘到使用快速成型工具的“艺术—工程项目”（arts-and-crafts projects）乐趣的女孩，照片里她把她的名字刻在标记刻录机上。

最后，我们希望“数制”工坊实验室既是一个研究课题，也是一个多性能研发聚合中心，既是一个硬件设备网络，更是一场科技进步运动，它的发展已经超越了第一批初创人员的设想，超过了所有推动它的发展的机构合作伙伴的预期。我真诚地希望您认真考虑，并且加入我们的行列，共同创造可操作的、组织化的、科技化的未来。

附录

专有名词表

A

accelerometer 加速度计，加速计

additive fabrication process 增材制造

analog computer 模拟计算机

analog electrical signal 模拟电信号

analog-to-digital converter(A/D converter) 模数转换器，A/D 转换器

Analytical Engine 解析机

antenna 天线

antiaircraft gun 高射炮

ARPANET 阿帕网络

As We May Think 《诚如我思》

Automatic Computing Engine（ACE） 自动计算机

Automatically Programmed Tools（APT） 自动编程工具

B

ball-end mill 圆头槽铣刀

blow molding 吹塑成型

bluetooth 蓝牙

building with logic 逻辑构造

C

cable 电缆

cable modem 线缆调制解调器，电缆调制解调器

cable TV network 有线电视网络

capacitor 电容器

cell phone base station 移动电话基站

cellular automata 元胞自动机

Center for Bits and Atoms　麻省理工学院比特与原子中心

charging rate　充电速率

circuit board　电路板

communication capacity　通信容量，通信容量

communications signal　通信信号，通信信号

comparator　比较电路；比较仪，比较器

computer interface　人机界面，计算机界面

computer monitor　电脑显示器

computer-aided design（CAD）　计算机辅助设计

computer-aided manufacturing（CAM）　计算机辅助制造

computer-controlled milling machine　数控铣床

computer-controlled tool　数控工具

computing element　运算单元

conductor　导体

connector　连接器

copper-clad board　覆铜箔板

cross-sectional slice　横截面薄层

cutting　切割

D

differential analyzer　微分分析仪

digital counter　电子计数器，数字计数器

disposable device　一次性设备

E

electrical impulse response　电子脉冲

electrical noise　电噪声

electrode　电极

Electronic Discrete Variable Computer（EDVAC）　电子离散变量计算机

Electronic Numerical Integrator and Computer（ENIAC）　电子数字积分计算机

embedded computer chip　嵌入式计算机芯片

embedded intelligence　嵌入式智能

embedding computer　嵌入式芯片，植入式芯片

end mill　铣刀

end-to-end modulation 端至端调制

Engines of Creation: The Coming Era of Nanotechnology 《创造的发动机：即将到来的纳米时代》

enzyme 酶

equality fabrication 等量制造

Ethernet 以太网

exponential growth 指数增长

Extended Binary Coded Decimal Interchange Code (EBCDIC) 扩充的二—十进制交换码，广义二进制编码的十进制交换码

F

field strength 场强，电场强度

firewall 防火墙

flat-end mill 平头立铣刀

frequency response measurement 频率响应测量

G

genetic engineering 基因工程

GPS 全球定位系统

grain impeller 谷粒叶轮机

gray goo 灰色粘质

I

industrial automation 工业自动化

information theory 信息论

injection mold 注入型模具

ink-jet printer head 喷墨打印机针头

ink-jet printing 喷墨打印

insulator 绝缘体

integrase 整合酶

integrated circuits 集成电路

interactive 交互式，交互

interface device 接口设备

Internet protocol （IP）网际协议，互联网协议

Internet' s communication protocol 互联网通信协议

L

laser cutter 激光切割器

light intensity 光强

liquid binder 液态粘合剂

logical computing machine (LCM) ；Turing machine 逻辑计算机

M

mainframe 大型计算机，主机

majority organs 多元件

microcontroller 微控制器

microcontroller programming 微控制器编程

microfilm 微缩胶片

microprocessor 微处理器

microscopic beams of atoms 微观原子束

minimally invasive education 微创教育

molding 成型，塑模，切模

Morse code 摩尔斯电码，莫尔斯码

motorized shaft 机动轴，电动轴

N

National Physical Laboratory（NPL） 英国国家物理实验室

numerically controlled（NC） machine 数字控制机械

O

open-source software 开源软件

optical fiber 光纤

P

packet switching　分组交换

parallel connection　并行连接

periscope　潜望镜

personal fabricator　个人制造者

photodiode　光电二极管，光敏二级管

plutonium　钚

polycarbonate plastic　聚碳酸酯塑料

polymer　聚合物

port number　端口号

PRNET systems　分组无线网系统

programmability　可编程

Programmed Data Processor（PDP）　程序数据处理机

protease　蛋白酶

punched card　穿孔卡片

R

receiver　信号接收器

rechargeable car battery　可充电汽车电池

resistor　电阻

resolution　分辨率

reverse transcriptase　逆转录酶，反转录酶

runner　铸道

S

sample-and-hold (S/H) amplifier　抽样保持放大器

satellite reception　卫星信号接收

satellite signal　卫星信号

semiconductor　半导体

sensor　传感器

serial communication　串行通信

sign cutter　标记切割器

software layer　软件层

software patch　软件补丁

spectroscopy　光谱学

sprue　铸口

stamping　冲压

substraction　减材制造

supersonic jets of water　超音速水射流

T

Takoradi Technical Institute　加纳塔科拉迪技术研究院

Telenor　挪威国家电信运营商，挪威电信公司

Tesla' s turbine　特斯拉涡轮机

the American Standard Code for Information Interchange (ASCII)　美国信息交换标准码

the hypertext transfer protocol (HTTP)　超文本传输协议

the National Science Foundation (NSF)　国家科学基金会

the South End Technology Center (SETC)　南端技术中心

the transmission control protocol (TCP)　传输控制协议

the universal character set (UCS)　通用字符组

the universal serial bus (USB)　通用串行总线

the user datagram protocol (UDP)　用户数据报协议

theory of self-reproducing automata　自复制自动机理论

thermistor　热敏电阻，电热调节器

Thermostat　恒温器

threshold　阈值，临界值

3D glue gun　3D 喷胶枪

3D printing　3D 打印技术

Transistor　晶体管

U

undersampling　欠采样技术

V

vacuum forming 真空成型

vacuum tube 真空管，电子管

velocity gradient 速度梯度

vinyl cutter 乙烯基切割机

voltage 电压

voltage regulator 电压调节器

W

waterjet cutter 水射流切割机

When Things Start to Think 《当物品开始思考》

Why the Future Doesn't Need Us 《为什么未来不需要我们》

Wired Magazine 《连线》杂志

全球创客发展大事记
Global Initiative for Maker Movement

1995

- C-Base (Germany)
  C-基地（德国）

2001

- MIT Fablab (US)
  麻省理工学院，“数制”工坊（美国）

2002

- LYNfabrikken (lightning factory in Danish) (Denmark)
  快速工厂（丹麦）

2005

- Citizen Space (US)
  市民空间（美国）
- *Makezine* (US)
  极客电子产品 DIY 杂志《Makezine》（美国）

2006

- Metalab (Austria)
  Metalab 创客空间（奥地利）
- Techshop (US)
  技术工坊 / 科技工坊（美国）
- 1st Maker Faire (US)
  首届创客嘉年华（美国）

2007

- NYC Register (US)
  纽约创客入驻（美国）

2008

- Noisebridge (US)
  Noisebridge 创客空间（美国）

- People Squared
  (China)
  联合创业办公社
  （中国）

- Wework
  (US)
  众创空间
  （美国）

- Xinchejian | Hackerspace
  (China)
  新车间 创客空间
  （中国）

- Nextspace
  (US)
  Nextspace 创客空间
  （美国）

- Blankspaces
  (US)
  Blankspaces 创客空间
  （美国）

- Maker Carnival
  (China)
  创客嘉年华
  （中国）

- Maker Faire,
  Shenzhen
  (China)
  深圳制汇节
  （中国）

- FAB 12
  (China)
  FAB12
  国际年会
  （中国）

2010 2011 2012 2013 2014 2015 2016

ipei
ina)
客空间
国）

- Rockerspace
  (US)
  Rockerspace 创客空间
  （美国）

- Beijing Makerspace
  (China)
  北京创客空间
  （中国）

- Chai Huo Makerspace
  (China)
  柴火创客空间
  （中国）

- Fablab O
  Shanghai
  (China)
  上海 Fablab O
  “数制”工坊
  （中国）

- Public Makerspaces
  (US)
  公众创客空间
  （美国）

- How to Grow
  Almost Anything
  (US)
  如何生长（几乎）万物：
  生物实验室开放课程
  （美国）

译后记

当 2013 年，我们在同济大学建立国内第一家“数制”工坊（Fablab）的时候，我们并没有想到这是一项持久的伟大事业。

最初设置实验室之时，同济大学设计创意学院才开始不久，我们的教学需要启动一个以数字设计和制造为核心的实验空间和平台。在参观了荷兰阿姆斯特丹的 WAAG Society——一个很有影响力的“数制”工坊之后，加上我 2005 年前后在哈佛大学设计研究生院求学期间，常去麻省理工学院媒体实验室的记忆，我和我的几个学生开始了自己的“数制”工坊空间计划和实验室营建的过程，从室内到桌椅的设计，从机器配置到各项活动的开展，我的学生和后来的志愿者都和我一起见证了实验室从 0 到 1 的全过程。一开始，我们就将“开放”和“创新”定义为我们的核心，不断探索“数字智造”在教育和创新领域的发展；2014 年的第一场开放夜的活动，Fablab Shanghai 开始了在上海和中国的社区营建工作，让中国创客们得以了解“数制”工坊的本质和创客运动的内涵。

2014 年 8 月，巴塞罗那的 FAB10 国际会议，是我们第一次和全球的社区做交流和展示的机会，也在这个盛事上，见证了 2016 年的 FAB12 国际年会将在中国深圳举办。那次，我认识了尼尔 · 格申斐尔德教授，一位设置了全新的开放课程并把课程通过一个系统传播给全球各个角落的伟大教授。

接下来的时间里，在和麻省理工学院以及全球“数制”工坊建立联动的过程中，我们慢慢探索和推进“数制”工坊系统在本土的建立，我们将全球的课程——“数制”学院（Fab Academy）和同济的教学实践结合起来，将国际课程和本土需求链接起来，希冀建立一种“全球创想，本地制造”的模式。在我们实验室的建设过程中，也正值创客运动在中国开启和发展的阶段，越来越多的社区关注，让我们肩负更多的数字智造在中国普及的职责。最终，我们成立了 Fablab O I 中国“数制”工坊品牌，以期建立一个健全的“社区、教育、项目”联动的系统，能为更多的需求者服务。

2015 年李克强总理访问柴火创客空间，以及接下来“中国制造 2025”和“双创”国家战略的提出，体现了中国社会和经济转型对于创新创业的渴望，“由上而下”的社会需求和“由下而上”的个人创新通过“数制”的途径结合在一起。

格申斐尔德教授的《智造：一场新的数字革命》一书是十分难得的创客类科技普及读物，他不仅讲述了全球数字技术的变革和对于个人创新、社会变革的作用；他预测了从“数字的互联网时代”向“数制的创客时代”的全球演化过程；也将他在麻省理工开拓的具体课程和学生们创新项目做了很详实的描绘和记录；最伟大的是，他不仅解释了“数制”工坊发展初期状态的拓展，更创建了在互联网技术下的全世界联动的新模式，正是这样的方式让全球各地的实验室的发展有了一种全新的可能。

在过去的十几年内，全球的“数制”工坊如雨后春笋般冒出来，尤其在今年 FAB12 全球会议在深圳召开之际，全球的实验室数量已经达到了 600 多家。中文版的《智造》一书便成为这个历史节点的见证，我们想给中国的观众有一个深入理解“数制”工坊概念的机会，并普及 DIY 的自造文化，提高个人创造和数制化在中国创新中的地位。除了原书的内容以外，我们将格申斐尔德教授在 2012 年《国外事件》（*Foreign Affairs*）杂志上发表的一篇文章作为本书的导论来翻译，同时我们也邀请了格申斐尔德教授特地为本书做了中文版序言。

就像我们实验室在建设和运营中，一直持续获得社区志愿者支持一样，我们本书的翻译工作也是通过社区众筹发起的，最终，我们的翻译团队组合了多个背景不同的参与者：武川、蒋泱帅、贾依然、陈思维。他们的年龄层次、知识背景和结构的跨度很大，不同的背景让大家能更好地互相支持和交流。感谢各位译者的参与，为了本书的出版付出的时间和精力。尤其是武川先生，在商务部的工作之余，不仅高质量地完成了他自己的翻译任务，还帮助我协调其他部分的翻译，尤其是最重要的导论部分。王凤翔同学协助我完成了后期通稿，杨青同学也一直为我们的翻译工作做了很多协调工作。

青年建筑师刘培爽为我们提供的插画，阐述了本书讲述的几个重要部分：如何创制、过去、现在和未来，他采用图画的场景，描绘了各个章节中的重要故事情节，为我们展示出高科技给生活方式带来的巨大改变，让读者沉浸在一种全新的体验中。他绘制的全球“数制”工坊地图（Fablab World Map），将世界上各地区重要的实验室和人物戏剧化地汇集在一起；我们将这幅地图打印到一片大墙面上，放置在 FAB12 的活动现场，来自全球各地的创客们，在上面涂上了颜色，这成为 FAB12 最受欢迎的一个节目。我们将这种互动的结果记录下来，也就演化成了本书的封面。

在和多方的交流中，同济大学出版社最终成为我们本书的出版方，感谢江岱总编和袁佳麟编辑的倾情参与和全程支持；创狐科技和 EFG 大学生创业基金会作为本书的赞助方，成就了本书的出版！同时也感谢格申斐尔德教授和美方的 Basic Books 出版社对于本书出版做出的极大支持！

站在“现在”回望格申斐尔德教授描述的“过去”的十年，又在他于十年前展望的“未来”的当下，我们再次憧憬数字化时代的下一波的“未来”，人类将沿着技术改革和社会演化的步伐勇往直前。我们希冀本书的翻译和编辑，会给大家带来一些新的启示，让大家能认知数字制造给中国带来新的全球化的机遇，以此来引领自我、找寻新的目标。

最后，我们也希望在全球“数制”工坊的不断发展过程中，Fablab O | 中国“数制”工坊能和大家一起为中国智能制造开启新一篇章做贡献。

丁峻峰

2016 年 8 月 10 日

图书在版编目（CIP）数据

智造：一场新的数字革命 / （美） 尼尔 · 格申斐尔德（Neil Gershenfeld）著；刘培爽插画；丁峻峰等译 . -- 上海：同济大学出版社，2016.8

书名原文：FAB-the coming revolution on your desk top - from personal computer to personal fabrication

ISBN 978-7-5608-6465-5

Ⅰ . ①智… Ⅱ . ①尼… ②刘… ③丁… Ⅲ . ①智能制造系统 – 制造工业 – 研究 Ⅳ . ① F407.4

中国版本图书馆 CIP 数据核字（2016）第 180476 号

智造：一场新的数字革命

FAB: The Coming Revolution on Your Desktop-from Personal Computers to Personal Fabrication

(美) 尼尔 · 格申斐尔德　著
Neil Gershenfeld
丁峻峰　等译　刘培爽　插画

出 品 人　华春荣
策划编辑　江　岱
责任编辑　袁佳麟
责任校对　徐春莲
装帧设计　张　微

出版发行　同济大学出版社 www.tongjipress.com.cn
（地址：上海四平路 1239 号　邮编：200092　电话：021-65985622）
经　　销　全国各地新华书店
印　　刷　上海丽佳制版印刷有限公司
开　　本　889mm×1194mm 1/32
印　　张　8.25
字　　数　222 000
版　　次　2016 年 9 月第 1 版　2016 年 9 月第 1 次印刷
书　　号　ISBN 978-7-5608-6465-5
定　　价　38.00 元

上海市大学生科技创业基金会系列丛书

《天使投资：创业与资本无国界》
主编：John May、刘曼红，翻译：王佳妮 ISBN：978-7-5177-0421-8
定价：65 元
本书收集了来自全球六大洲 25 个国家天使投资协会负责人的文章，介绍了各国政府天使投资政策与法规。

《创业新时代》
作者：拉里·法雷尔 ISBN：978-7-111-48307-6 定价：55 元
大量鲜为人知的案例分析，全球创业企业管理大师法雷尔带你从个人成就、组织成功和国家发展三大经济领域看创业。

《精益创业家》
作者：布兰特·库珀等 ISBN：978-7-111-44456-5 定价：79 元
梦想家开发产品、革新企业、颠覆市场之路；《精益求精》作者埃里克·莱斯推荐作序。

《十亿美元的蓝图：让企业极速成长的七个秘诀》
作者：大卫·G. 汤姆森等 ISBN：978-7-111-40041-7 定价：39 元
公司如何运用 7 个基本要素来妥善地管理业务、组织和团队，并产生指数级增长，是这本书要详述的重点。

《在那西天取经的路上》
作者：茅侃侃 ISBN：978-7-111-33702-7 定价：29 元
写给所有在生存与创业路上的 80 后们，也写给即将上路的 90 后们。人生就是一条西天取真经的漫漫长路，面对这条自己选择却又不知能否得到真经的漫漫长路，面对每次机遇都期盼着得到真经……

《让世界为我打工》
作者：罗纳德·科恩 ISBN：978-7-111-31915-3 定价：32 元
欧洲私募股权之父写给有梦想的创业者的“创业必修课”。

《创业的九重修炼》
作者：《创业家》杂志社 ISBN：978-7-111-32409-6 定价：28 元
痛快淋漓的独家案例分析，创业教父柳传志、俞敏洪等贴身辅导，详解创业的各个阶段，可以随身携带的私人创业导师。